互联网思维3.0

物联网、云计算、大数据

余来文 黄绍忠 许东明 刘 聪◎编著

INTERNET
THINKING 3.0

INTERNET OF THINGS,
CLOUD COMPUTING, BIG DATA

经济管理出版社

ECONOMY & MANAGEMENT PUBLISHING HOUSE

图书在版编目（CIP）数据

互联网思维3.0：物联网、云计算、大数据/余来文等编著．—北京：经济管理出版社，2022.8
ISBN 978-7-5096-8672-0

Ⅰ.①互…　Ⅱ.①余…　Ⅲ.①网络经济—研究　Ⅳ.①F49

中国版本图书馆 CIP 数据核字（2022）第 148392 号

组稿编辑：申桂萍
责任编辑：申桂萍　谢　妙　张　艺
责任印制：黄章平
责任校对：董杉珊

出版发行：经济管理出版社
　　　　　（北京市海淀区北蜂窝 8 号中雅大厦 A 座 11 层　100038）
网　　址：www.E-mp.com.cn
电　　话：（010）51915602
印　　刷：唐山昊达印刷有限公司
经　　销：新华书店
开　　本：720mm×1000mm/16
印　　张：13.25
字　　数：231 千字
版　　次：2022 年 9 月第 1 版　　2022 年 9 月第 1 次印刷
书　　号：ISBN 978-7-5096-8672-0
定　　价：68.00 元

互联网自诞生之日起，便是全球共同面对的挑战和机遇，万物互联所引起的社会与经济变革具有典型的时代性和颠覆性。互联网商业化、数字化浪潮不仅是一场"流量入口"和"流量出口"的争夺史，更是一部数据成为主导型生产要素的革命史。互联网正以前所未有的速度谱写着改变世界的商业传奇和创业神话。互联网去中心化、扁平化、自组织等特性，赋予每个人无限的可能，让每个人力量增强、价值释放，也引发了人们激烈的思维风暴。在与传统工业化思维激烈的碰撞中，互联网思维应运而生，深入人心，成为共识。

未来很长一段时间将是万物互联的时代。或许，我们仍记得 2011 年互联网思维在我国横空出世之初，互联网似乎无所不能，是解决一切问题的"灵丹妙药"。我们面临的任何疑难杂症、大事小情，只要拨开互联网思维的"迷雾"，就能出现"点石成金""妙手回春"的奇迹。同时，阿里巴巴与万达的"一亿元赌局"和小米与格力的"十亿元赌约"，一时使互联网思维成为颠覆和重塑一切的思维力量。其实不然，从社交互联网、消费互联网、工业互联网到移动互联网，再到"2G→3G→4G→5G"的升级，互联网思维随着互联网技术及应用的创新，也在不断地迭代升级。AI 和 5G 等数字技术的发展将进入一个新的高峰，让人机交互变得更加简单化、智能化。以大数据为基础，全球数以千万计的电商平台、商业生态实现了精准营销和智能进化，从而催生了智能商业时代。

海量数据汇聚到一起，逐渐成为数字经济形式下的驱动力。对于个人而言，"物联网"无所不在地融入人们的生活中，让我们的生活发生了翻天覆地的变化，使我们的生活更加舒适、有序。如应用定位追踪、诊断技术，医生不仅可以通过手机等移动终端实时对联网设备的位置进行地理标记，也可以方便快捷地进行远程医疗，节约医患双方宝贵的资源（如时间、金钱等）。对于企业而言，物联网能对企业利害关系方的业务进行追踪，将设施、设备和工具等通过定位技术连接起来，让整个网络高效运行。对于公共服务而言，物联网创造高效办公方式，利用社交工具进行视频会议和指令传达，提高公共服务的效率，预测未来服务的热点、痛点、堵点和断点等问题。物联网不仅成为吃、穿、住、行、用的好帮手，也让我们的工作、学习更加高效、准确，已由以前纯粹的概念，变为商业价值。

数据的开放、共享甚至是交易和流通，是万物互联时代一个非常重要的要素。元宇宙的核心运行模式便是信息数据的交流和共享。生态体系可以便捷地汇聚所有个体的信息，个体在生态网络中进行信息的共享，同时生态系统也根据个体上传的信息数据不断地进化，这是大规模协作和协同发展的基础，也是整个生态保持发展的基础。数据资源作为数字经济时代的核心生产要素，相比能源、材料等传统生产要素，数据以独特的生产要素属性对经济社会发展产生重大深刻的影响。发挥好数据生产要素的创新引擎作用，加快构建以数据为关键要素的数字经济，有助于推动经济发展质量变革、效率变革、动力变革，实现经济高质量发展。党的十九届四中全会首次将数据作为生产要素参与分配，生产要素，提出探索建立健全由市场评价贡献、按贡献决定报酬的机制。

如今，互联网思维已经深入人心，成为共识。首先，互联网思维是对企业价值链（网络）的重新审视，体现在战略、组织和业务等层面，贯穿企业价值链（网络）的所有环节（节点），并且将传统商业的价值链改造成了归属于互联网新生代的数字化价值网络。也就是说，互联网思维是在（移动）互联网、云计算、大数据、区块链、人工智能等科技不断发展的背景下，对企业价值链乃至对整个商业生态进行重新审视的思考方式。不仅如此，从出行领域的滴滴、共享单车，到住宿领域的 Airbnb、途家再到办公领域的 Wework、优客工场，共享经济已经在许多领域逐步改写甚至颠覆性地改变人们原有的生活和工作方式，为我们的生活带来了极大的便利和美好的体验。

为了更好地揭开互联网思维的神秘面纱，我们于 2014 年推出了《互联网思维：云计算、物联网、大数据》，首次从云计算、物联网、大数据的技术维度等科技创新视角，解读了"互联网+"产业的融合、协同及数字产业化突变。2017年，伴随移动互联网的深度普及，大数据、云计算、人工智能等技术的广泛应用，互联网行业迎来加速发展的时代。我们又推出了《互联网思维 2.0：物联网、云计算、大数据》，即跨界、融合、生态、共享的新模式，互联网思维 2.0 要求新智能终端、新网络技术和新兴服务创新的聚集融合，是产业和企业立足互联网技术，实现跨界、集成创新的重要数字化入口。当下我国经济已经进入数字经济"窗口期"，数字化建设也已经进入了以大数据、云计算、物联网、人工智能为主的万物互联新时代。为此，我们应势推出《互联网思维 3.0：物联网、云计算、大数据》，尝试阐述如何通过数字技术创新与互联网思维变革，更好地解析当下数字技术的创新应用，更好地理解数字经济的本质和内涵。

鉴于多年来持续专注的学习与研究，我们对互联网思维新业态进行了更深入、更全面的综合性解读，不仅整合了现有的物联网、云计算、大数据等数字技术，又融合了数字经济、共享经济等数字化新业态、新模式、新价值，将互联网思维推向未来数字化、智能化、协同化的新高度。如果这些最新的研究成果能够帮助读者，那将是我们人生的一大乐事。

2021 年 10 月 18 日

目录
Contents

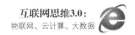

第一章

互联网思维：
互联互通、共享共治

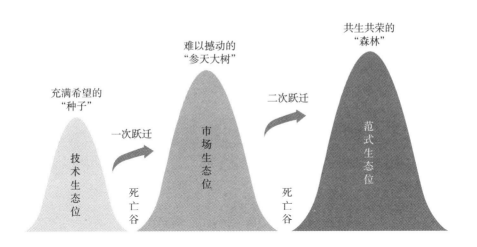

【开篇小语】如今，互联网不再是一个独立的行业，也不再是封闭的技术，其已经跨界融合并根植于当今社会的方方面面并深刻地改变着社会的各个行业。从成功数字化转型升级的案例中，我们可以看到"互联网+"仍然是未来企业高质量发展的重要抓手。无论是作为互联互通的数字化工具，还是作为促进数字经济发展的重要共享共治平台，逆转互联网引发的数字变革是一个小概率事件。而这次互联网变革浪潮的实质是互联网思维3.0的颠覆和"互联网+"数字化商业模式重塑。但事物的发展都是螺旋式上升的，如何在企业发展过程中消除

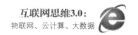
亚健康病毒，寻求新的高质量发展途径，进入"智慧+"新时代已经成为企业发展的头等大事。

这个时代就是互联网时代，必须以互联网思维颠覆我国传统思维定式，不以西方传统教学模式为标准，而是在公司实际上以解决使用者的最佳感受为工作出发点与落脚点，大胆试错，敢于尝试物联网范式下的人单合一管理模式，让中国模式成为世界最好的管理模式。

——张瑞敏

【开章案例】

苏宁易购智慧零售：万店互联·生态共享

随着互联网时代的到来，智慧生活与智能科技早已融入人们的生活与发展制造产业之中，而在该背景下，传统的产业与领域的营销模式与发展模式也受到了互联网共享模式的冲击，而其中最具有代表性的冲击目标产业是传统零售业。在新时代互联网模式的冲击下，零售业的发展模式有了一定程度的改变，而这种改变不仅是从零售业的形式和零售商品的种类，更重要的是对整个零售业的发展格局与发展模式都产生了较大的改变。苏宁易购作为零售行业巨头，在互联网思维的席卷之下积极与智能化相融合，在"互联网+"的背景下依旧打造出了属于苏宁易购自己的营销模式，这种模式被我们称为智慧零售。

一、公司概况

苏宁易购作为我国国内规模最大的实体零售公司，它的发展经过了从创立之初一家近百平方米的小专卖店，到国内连锁经营行业的领导者，再到从 2009 年开始的从互联网到"互联网+"的转型历程。在今天数字化已经成为大趋势的发展背景下，苏宁易购成功把握了数字化发展机遇，迅速成长为线上线下高度融合发展的全球五百强零售业公司。

现阶段，苏宁智能终端设备对外公布了电冰箱、全自动洗衣机、吸尘器、智能耳机等智能新品。此外，为了更好地适应智能硬件配置，苏宁易购还成立了苏宁生态链基金和 Biu 协同试验室。为应对互联网时代，苏宁易购再次推动智能零售及网上、线下一体化发展战略，在全品类管理、全渠道运营，对外开放货运物流云、数据云、金融业云等领域给予无所不在的一站式服务。苏宁直营自主创新互联网门店和店面超出10000家，处在中国线下连锁加盟的前端。近年来，苏宁易购的预估价值和发展势头不断递增，当前苏宁易购的营业收入已突破千亿元大关，除此之外，苏宁易购的商品销售规模也迅速扩大，相比于国内的同类企业，其经济增长率同样也在较长的时间内保持高水平。

二、智慧零售大开发战略：以用户为中心做全做精消费场景

对于数字经济飞速发展的大环境，苏宁易购明确提出了智能零售大开发设计发展战略，制定了短时间推动店面总数迅速增长的发展战略。智慧零售是运用互联网、物联网技术，感知消费习惯，预测消费趋势，引导生产制造，为消费者提供多样化、个性化的产品和服务。苏宁智慧零售大开发战略对苏宁双线多格式合理布局的一致性有一定帮助，如图1-1所示。

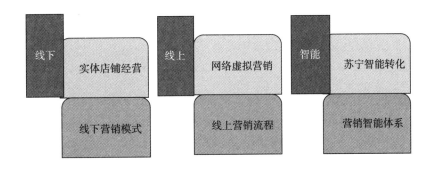

图1-1　苏宁智能化应用

（一）围绕用户生活半径布局立体场景

苏宁易购对于线下门店的开办及门店体系网的搭建十分重视，因此近年来不断扩大门店覆盖面，其产品通过多平台、多行业的场景化结合，建立了中国零售产业中最全面的消费生态，当前，苏宁易购的发展目标已不仅是为了解决消费者对物质产品的需要，更主要的是为消费者创造包括文化与娱乐的时尚生活方式。

（二）做精单一门店提升场景转化

苏宁易购一直着力打造苏宁小店的新场景。苏宁小店是依据场景精准定位，基于小店实体流量，开展线上线下双向经营和智能服务的智能化零售连锁便利店方式，起初是由生活类快速消费品组成，可以塑造客户消费习惯，作为总流量通

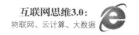
道，与苏宁零售大生态对接。

在场景精准定位方面，分成店铺内、2千米内和2千米外三个服务范围，紧紧围绕小区、CBD、人流量大的区域进行合理布局，给予多元化的产品构造。在线上和线下结合的情形下，客户可以根据在线商店APP进行订购、选购等。未来，店铺将增加金融业、药店、游戏娱乐、政务中心、数据公司办公室等场景。

（三）关注用户：打通会员体系，实现场景互通

苏宁易购将智能零售的最底层要求主要表现为开启线上线下多情景会员体系。在这个系统中，智能零售的实质是时时刻刻关心用户，全部情景会员体系的围绕可以从三个方面支撑智能零售。一是多层次健全用户画像，适用于智能推荐和大数据营销；二是根据LBS技术性，不但可以在门店派发线上总流量，而且能够根据线上销售的优点，完成正确引导无网顾客线上交易的线上无网双重变换；三是完成从销售商品拓宽到全部周期时间服务项目的用户全周期时间管理方法，塑造终身用户。

三、转变供应链决策方式和伙伴关系

在智能零售模式驱动下，供应商决策从自上而下"产→销→用"的管理模式转变为自下而上"用→销→产"的管理模式，而平台对品牌商家的服务价值也由渠道转换为智能化的供应商服务，如图1-2所示。

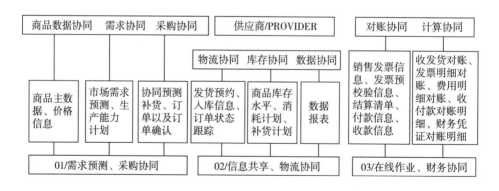

图1-2　智慧供应链能力输出的三个维度

C2B客户化定制：精准满足消费者需求。苏宁易购的智能供应链是站在顾客角度促进生产制造方，生产顾客必需或感兴趣的商品。换句话说，C2B可以定制，让客户变成商品管理工具，让互联网大数据变成数据设计图，让全部新品精确地进入销售市场。近些年，这类 C2B 客户化定制的观念反映在苏宁易购的战略合作协议和战略营销层面，获得了较好的实际效果。

四、用实人工智能、云计算、大数据技术，赋能智慧零售

苏宁易购集团公司原副董事长孙为民表明，智能化零售实质上是零售因素数字化、零售运营智能化系统。苏宁易购将人工智能技术于零售特色化，根据情景互联网技术反方向授予零售大数据人工智能应用，为众多顾客产生更亲近的购买感受。因而，苏宁易购智慧零售注重在发展中利用人工智能技术、云计算技术、大数据等数字化技术创新，优化线上线下工作流程，根据产业链扩大促进商圈多元化发展和智能化运营，如图 1-3 所示。

图 1-3 赋能智慧零售模式

（一）五个改造零售核心环节

现阶段，人工智能技术在苏宁智慧零售情景中运用于人工智能客服机器人"Sunny"和"苏小语"、无人快递车"卧龙一号"等。随着苏宁无人店陆续开业，人脸识别等高新科技的应用，进一步提高了顾客的舒适感和满意率。

（二）云计算：调节 8 个业务管理系统

苏宁易购在管理体系内建立了以零售业为核心的八大商业系统的云计算生态体系，在商业服务发展历程中建立多产业融合、即时买卖等。同时，在苏宁易购的智能化零售方案中，云计算技术性不但保证了云资源的改革创新，而且有着苏

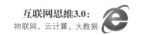
宁易购很多年的零售和信息化管理转型发展工作经验，制订完善的智能化零售解决方案，给予合作方高品质云资源和 IT 的能力。

（三）大数据：200 个数据产品支撑决策

在互联网转型的过程中，苏宁易购积累了大量的消费大数据并逐渐打造了一套苏宁易购的营销策略。这也在一定程度上推动了苏宁易购已经投入运营的智能化营销产品，均能够通过互联网数字数据统计分析和用户画像有效地引流。在未来，苏宁易购会进一步推动数据共享的进程。

总体而言，苏宁在智慧大零售推动发展的过程中主要采用了以下方式：一是通过"互联网+品种"和"互联网+营销"，以针对性匹配线上与线下应用场景，从而打造崭新的苏宁业态；二是以苏宁易购营销策略为例，通过向行业展开广泛宣传，并利用开源系统为进一步促进苏宁易购的智能销售格局做铺垫。

五、结论与启示

第一，互联网思维是对企业价值链的重新审视。主要体现在战略、业务和组织三个层面，其贯穿了企业价值链的所有环节，并且将传统商业的价值链，改造成了互联网时代的价值网。而事实上，互联网思维也是指依托物联网、云计算、大数据、区块链、人工智能等科技的不断创新突破，对市场、用户、产品、企业乃至对整个产业、商业生态系统进行持续审视的思考方式。

第二，互联网思维的发展具有渐变性。在互联网思维的发展历程中，其主要是依赖新科技与新产能的发展从而所带动自身的发展，因此，不同时期的互联网思维无论是对于客户群体还是对于企业所带来的影响与注重点都有所差异，而这种差异更多地体现在思维的运用和产业的发展模式上。

第三，互联网思维能够引领企业发展，合理规划未来企业走向。互联网思维的根本特点是与时俱进，正因如此，其能够在不断变换的商业背景中始终保持活力，也能够较好地适应各类企业的发展。

（资料来源：笔者根据多方资料整理而成）

第一节　互联网引发的思维革命

随着社会经济的迅速发展，互联网已深刻地嵌入人们的生活之中，而是否具备互联网思维已经成为评判某个体或团队是否与时俱进、体现新时代特征的重要特征。网络科技思想，是指依靠物联网、虚拟现实化、大数据分析、区块链、人工智能等科技的连续重要突破，通过对市场发展、应用、产品、企业及对整个产品商业生态体系等进行了长期考察的思想方法。互联网时代下的思考方式，已不再仅限于中国传统互联网技术企业。

一、互联网"大赌局"唤起的思维激荡

谈到互联网思维，就不得不提到业内赫赫有名的"十亿元赌局"。赌局的双方，分别为小米科技有限责任公司董事长兼首席执行官雷军与珠海格力电器股份有限公司董事长董明珠，这场赌局被称为世纪赌约。

这场赌局可以看作是互联网企业向传统制造标杆企业发起挑战的标志性事件。在这场赌局中，互联网企业向实力基础极为雄厚的传统家电制造业发起了冲击。此次事件，一方面为更多的传统企业敲响警钟，是坚持还是改变发展路径，是拒绝还是拥抱互联网，这是企业发展所必须要抉择的问题；另一方面在无形之中为互联网思维起到了绝佳的宣传效果，一时互联网思维仿佛成了传统企业转型升级的良药秘方。这就不得不引起我们对互联网思维的高度关注。

在这个赌局中，实业公司格力获得了品牌，得到了多元化发展，网络公司小米获得了市场，得到了高速成长，显然这是我国制造业发展在当前阶段的缩影，也是我国企业的整体高质量飞跃。同时，在这两家企业竞争的过程中都吸引了消费者的极大关注，可以说这是史上最成功的互联网营销案例。

互联网思维专栏 1-1：

飞猪：在线旅游生态+新旅行联盟，开启未来旅行新想象

飞猪原名阿里出游，后改名为飞猪旅行，是为淘宝会员推出机票、饭店、游览航班等产品的综合型游客生活在线交换服务平台，包含网页及服务器端等。飞猪是面向年轻消费群体的休闲度假品牌，与面向中小企业差旅服务质量的阿里商旅共同组成阿里巴巴旗下的游客主要经营单位，让消费群体拥有更自主的旅途。自飞猪宣布"新旅行联盟"计划开始，在该计划中，依靠旗舰店里的产品和消费群体联系，以及经销商之间还能进行会员交换，让消费群体得到的信息更加透彻。同时，平台经销商将通过新款开发、质量日等活动，线上线下进一步加强与消费者的沟通协作，使消费者所选购的产品更符合消费需求，从而提高关注度，增强品牌市场价值黏性。

一、线下营销中心+线上品牌号，飞猪 OTM 开启旅游业新零售模式

2018 年 5 月，阿里巴巴和中国四川航空股份有限公司签订了企业战略协议书，双方共同成立川航阿里营销中心，双方的企业战略协作将围绕品牌号、云计算、客户服务、电商人才培养、商旅服务、投资扶持、机上传媒等方面进行。这是飞猪发力在线旅游生态（Online Travel Marketplace，OTM）的开端。

在飞猪 APP 上搜索店铺四川航空，第一个跳转的结果并非直接购票，而是进入了川航品牌号的专属主页，消费者即可直接在其中订票、值机、获取航线动态，未来甚至还可以注册为会员、预订川航定制的度假航线、选购川航周边产品等。这些创新功能，既是飞猪升级川航品牌号计划的一部分，又是飞猪和四川航空股份有限公司深入合作的第一个落地成果，如图 1-4 所示。

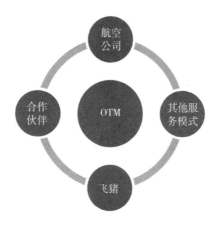

图 1-4　OTM 模式简析

川航阿里营销中心的建立和飞猪品牌号的上线，是飞猪 OTM 在线旅游生态的两个关键点。川航阿里营销中心主要帮助企业处理市场营销的有效性问题，企业号概念也是建立在帮助川航建立垂直生态，并以此丰富了川航的多样化辅营收入，使川航在困惑已久的仅靠销售机票挣钱的问题之外找到了一条新路。按照约定，川航还将派遣工作团队常驻阿里营销中心，办公场所将设在浙江飞猪网络技术有限公司。入驻阿里市场营销中心的商家，可以随时随地和中国阿里巴巴集团各经营群体交流需求，共享中国阿里集团市场经济体的资源与力量。而川航的第一批工作人员也于 2022 年初开始入驻。根据旅行商户业务需要，飞猪公司和淘宝大学合作成立了淘宝大学阿里新旅行学院，并提供了定制服务，协助商户更快

了解电子商务的营销常识，目前共有包含四川航空股份有限公司在内的三家航司学生入校。

二、飞猪新旅行联盟，开启数据智能时代全链路连接新生态

近几年，飞猪宣布了"新旅行联盟"计划，将结合国内外旅游服务商、全国各地文旅局、阿里生态合作等优秀产品性要素，以游客消费群体为主要中枢，打造大数据与智能新时代的深度连接，构建全链接的旅游产业技术创新生态化系统，让游客的体验感受更有趣更深入。

也能够通过新旅行联盟，形成全项目范围的商业生态圈，再融合飞猪的项目IP建设经验，齐心协力增加项目的吸睛指数，进而提高每个商户的盈利量级。

三、结论与启示

新旅行的概念实质上是大数据和数字计算的另一种表现形式，联盟的推动与发展让大数据的新型发展潜能在旅行行业制定了标准范式。例如，飞猪与西溪国家湿地园区合作建立了样板间，打造首个"未来景区"，利用景区大数据系统协助景区企业进行智慧管理与数字化经营，以促进全产业链经济价值的融合创造。而阿里经济体的互联网平台则借助了新旅游协作深度赋能旅游产业，以推动旅游服务感受的提升。

（资料来源：笔者根据多方资料整理而成）

二、大互联时代的到来

当今信息时代发展正处在第四次工业革命的后工业生产快速发展年代。也就是说，传统制造业生产正转变为互联网技术实践。在互联网数字化年代，通过互联网连接起了一切重要的人与事件，用大数据分析的方法重新分配，使传统产业链条变短，生产层次更加扁平。从1990年开始，中国互联网进入商业时代。发展至今，从网络技术角度看，历经 Web 1.0、Web 2.0、Web 3.0 和 Web 4.0 四个发展阶段。

（1）第一阶段，Web 1.0（1990~2000年）：门户时代。这些蓬勃发展阶段，国内现代互联网最终成为以新浪、搜狐和网易为典范代表的国内重要门户平台。在 Web 1.0 发展阶段，通过门户网页进行消息发表，是多对一的传送模式。从门户网页这种中心点来看，基本进行的是一个单向互动。

（2）第二阶段，Web 2.0（2000~2005年）：搜索/社交时代。这个阶段，出现了百度搜索、腾讯QQ、博客中国、新浪微博、人人网等搜索和社交网站。相

比于门户时代，用户可以生产信息内容，进而实现人与人之间的双向互动。

（3）第三阶段，Web 3.0（2005~2015 年）：大互联网年代。该时期是依靠物联网、新一代人工智能以及云计算技术的智能生命时期。而 Web3.0 的经典特点既是人与多的互动式，又包括了人与人、人机通信和计算机终端使用者双方的互动式。大互联是相较于传统互联而言的。传统互联网主要是指桌面互联和刚刚兴起的移动互联。作为新一代的大互联网，则是建立在事物互通基石上，是一个全人类、一切物、一切时候、一切地区、终身一线、及时任意通信的新形式。

（4）第四阶段，Web 4.0（2015~2030 年）：智能时代。智能时代指的是在任何时候都能够获取想得到的信息，都能将信息以数字的形式形成表达与表现的时代。可以说，通过 Web 1.0、Web 2.0、Web 3.0 和 Web 4.0 的演变，互联网与我们越来越近了。互联网将会成为生活中的水和电，与我们融为一体。

从承载内容的角度看，我国国内互联网产业的发展可以大致分成五个阶段，这五大阶段虽然在时代上和行业跨度上都是有交叉的，不过在大致架构上却相当清晰，如表 1-1 所示。

表 1-1　互联网五大时代

阶段	特点	代表
阶段一	信息互联网时代	搜狐、新浪等门户网站
阶段二	社区互联网时代	天涯论坛、赶集网等用户社区
阶段三	移动互联网时代	BAT、TMD
阶段四	泛化互联网时代	互联网+：BAT、TMD、华为、小米等
阶段五	AI 互联网时代	AI+：BAT、TMD、抖音等

（1）第一个阶段是 1995 年之后的信息互联网时代，这个阶段的主要特点是利用新资讯门户提升了信息传递和使用的有效性，以搜狐、新浪等门户网站的出现为时代特征，新信息流网络平台建设技术也是这个阶段的主要技术主导，我国传媒事业也步入了新的权威传媒时期。

（2）第二个阶段是在 2000 年以后的社区互联网时代，是指国内网络在国外网络的泡沫废墟中重构。在该时期，Web2.0 等新型的商务思维模式红极一时，并获得了社会的广泛认同，也赢得了行业口碑。此外，在该时期的天涯论坛、赶集网等，同样在小用户社交的软件应用领域获得了巨大的成长机会，中国互联网传媒市场也因此进入了社交分众时期，并开始探索很多基于超庞大使用者规模的新模式。

（3）第三个阶段是指在 2010 年之后的移动互联网时代，在这一时期基于 iOS 和 Android 操作系统的细分领域创新与发展快速产生，移动网络得到了很大的发展空间，而在这一时期的 BAT 市场也开始出现分化。

（4）第四个阶段是指在 2013 年的泛化互联网时代，这一发展时期的两个特点分别是"互联网+"的深入推广和智能手机的历史性崛起。泛化互联网时代表层上看是 BAT 在进行历史上最凶悍的扩充，甚至包含了次级梯队 TMD，因此在此阶段，互联网也得到了前所未有的发展。

（5）第五个阶段是一个人们重新站在全新起跑线的 AI 互联网时代。

互联网思维专栏 1-2：

猎聘网：以数字化形式与大数据打造创新模式

猎聘是中国初级优秀人才职业发展平台，总公司位于北京市。作为业内知名公司、猎头公司、技术专业经营者三方交互的平台，与传统互联网的招聘不一样，猎聘的招聘更改了以信息内容展现为核心的发布广告方式，打开了以客户体验为主导的买卖方式。作为职业发展平台，猎聘依据客户职业发展不同时期的特性，为求职者提供不同的岗位等服务项目，为猎头公司、技术专业经营者提供沟通交流的机会。推动用工企业与求职者的互动交流，创建多方可以相互依存的招聘平台。

一、专业服务中心，助力招聘发展

猎聘在开发中运用的是大数据分析和网络技术相结合的方法，自主建立了国内首个专注于打造公司与中国高级职业经理人桥梁的专家服务中心，能够为用工企业提供项目管理服务，高效地提高招聘人才效率，进而成为企业获取核心人力资源竞争优势的战略性服务合作伙伴。在平台的发展中，其主要创新点如下：猎聘采用的是多方面、多渠道的混合化人才招聘方式，其招聘形式包括内推、单轮面试、招聘栏目直通 offer 等。因此，其人才构成相对复杂化，同时涵盖面也相对较广，这是其发展的一大亮点。

以上亮点则是共同构成了专业服务中心，也在一定程度上对其发展起到了较强的推动与促进作用，专业服务中心的诞生同样也是猎聘进入新型发展阶段的一个标志。在这个新的阶段，猎聘的人才招聘结构将会更加完善，同时猎聘的招聘人员专业性会相对更强，这是对传统模式"笔试+面试"对于专业人才筛选的不足起到了一定的弥补作用，同时也在一定程度上推动了企业的发展。

二、模式化人才考评，互联网思维渗透

在猎聘的人才考评制度中，同样也融入了较为先进的互联网思维。

当下，直播带货十分火爆。猎聘积极创新招聘模式，利用直播形式将企业人才需求进行展示。这种招聘专场的活动有着场次多、覆盖行业面广的特点，一定程度上解决了在当前新冠肺炎疫情下的线下招聘难的问题。

针对当前社交背景和科技发展趋势，猎聘公司快速开发了无互动面试程序，并上线了新型视讯考试开发工具"多面"，该产品同时具备了视讯履历、视讯职业发表、AI 考试、建立 AI 智慧考试间、空中宣讲会等功用。截至目前，"多面"的单日应聘者数量最多时达到 843 人次，并且在全国大学生春季招聘会活动中，在一天内完成了上千名应届毕业生的线上招聘工作，极大地降低了公司与应聘者之间的交流风险与时间成本，如图 1-5 所示。

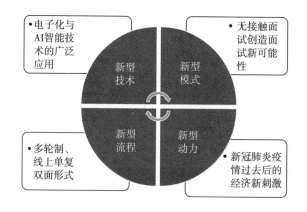

图 1-5　线上招聘模式

面对在新冠肺炎疫情时期部分行业人才闲散的问题，猎聘网控股旗下的企业资源雄厚，人力资源部主动尝试灵活用工管理模式，以共享工人策划，将人才闲置的中小企业人才分流至人才紧缺的中小企业。当前，猎聘对接的人力资源闲散中小企业已超过 60 多家，这些企业大多来自餐饮和文娱产业，而闲散劳动力则大多分流至运力短缺的城市民生保障型中小企业，如盒马鲜生、美团买菜等新零售公司，以及欧尚超市、家乐福等商超。

三、结论与启示

猎聘以互联网为发展工具，助力多种业务工作发展。在此基础上，猎聘还积极探索新型的人才招聘模式，融合时代背景，体现了互联网智能科技与家国思维的共同影响。在新冠肺炎疫情下，猎聘的这种新型招聘模式同样也可以说是互联网思维发展的新产物，其所显现出来的迅捷性与实时性都能够较明显地体现出互联网思维的特征，而这种发展格局与模式的探索在未来也会在一定程度上对其他的互联网企业起到一定的借鉴作用，进一步推进互联网思维的完善与发展。针对其他类似于猎聘的传统企业，猎聘的营销模式作为一种蓝图规划的模式学习应用，同样是提升企业内部发展的重要手段。在一定程度上，也可以作为互联网企业发展的一针强心剂应用到企业发展之中。

（资料来源：笔者根据多方资料整理而成）

三、所有企业都是互联网企业

伴随着以电子计算机和互联网运用为代表的新一代信息技术的发展趋势，互联网和目前的技术应用领域逐渐创建更为紧密的关联。互联网不再独立于传统产业，而是作为整体融入时代的每个角落里。

百度创始人、董事长兼首席执行官李彦宏，曾垄断中文搜索市场多年。阿里巴巴集团通过淘宝网、天猫商城等陆续进军中国电子商务销售市场。腾讯凭借即时通信 QQ 和微信等独享中国社交媒体十多年，BAT 是中国互联网的三座高山，各自垄断着人和信息内容、人和商业、人和生活。可是伴随着互联网的发展趋势，其他的互联网企业同样也逐渐步入大众的视野，以电子计算机和互联网运用为代表的新一代信息技术的发展趋势，互联网和目前领域逐渐创建更为紧密的关联，如图 1-6 所示。

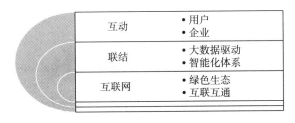

互动	·用户 ·企业
联结	·大数据驱动 ·智能化体系
互联网	·绿色生态 ·互联互通

图1-6 互联实质与经营特点

互联网有利于企业清除时间与空间的界线，无论另一方在何地，都能完成企业间的零距离通信。如今互联网几乎无所不在，无论是有线电视还是无线网络，桌面上还是手机端，互联网都存在于彼此身旁，对我们的生活产生着深远的影响。

根据当代互联网信息科技企业经营情况来分类，一般意义上互联网技术性企业主要包含 IT 领域、互联网电子商务、应用软件等。在我国互联网飞速发展的背景下，逐渐产生了 BAT（百度、阿里巴巴、腾讯）、新浪网、搜狐网、网易游戏等初期互联网企业。如图 1-7 所示。

图 1-7　互联网企业领域细分

第二节　众说互联网思维

不是因为互联网的普及，才诞生了互联网思维。其实，互联网企业不一定拥有互联网思维，但传统企业不一定不具有这种思维。简单来说，互联网思维就是一个思考方式，是一个基于模式的创新思考方式。而互联网技术井喷式地增长，加上对国内传统商业形式的连续碰撞，最终促使了这个思考方法更集中式出现。

一、互联网思维的起源

互联网思维一词最初的提出者应当是李彦宏，2011 年，他在一场讲座中曾提及互联网思维的概念，意思是指人要根据网络的特点来思考。由于他的叙述相当的碎片化，所以并未受到大范围的关注。

2012 年，雷军频繁提到"互联网思维"，开始尝试归纳出互联网公司与众不同的特征，并加以架构性分析。而在当时其影响力相对较弱，受到的关注也较少。

此后，网络思维似乎瞬间变成了时髦用语，也就在真正意义上为互联网思维的发展奠定了基础。

二、企业家眼中的互联网思维

互联网思维能够引起人们的广泛重视，关键在于业界领军人物和著名企业家们的共同关注，尤其是 IT 企业家们最先注意到互联网思维的真正价值所在。在这其中雷军、周鸿祎、马云、马化腾等对于今天的互联网思维的形成有着不可忽视的作用。他们在企业实践中把互联网思维和自己的公司转型战略相结合，以之指引着公司的未来，带动企业的发展，如表 1-2 所示。

表 1-2 互联网企业家们眼中的互联网思维

企业家	互联网思维
雷军	专注、极致、口碑、快
周鸿祎	用户至上、体验为王、免费商业模式、颠覆性创新
马云	跨界、大数据、简捷、整合
马化腾	互联网+数字经济的一、三、五、七
张一鸣	内容赋能、内容技术和基于互联网智能的可进化组织

1. 雷军的网络精神七字诀：专注、极致、口碑、快

雷军总结了做好互联网公司的几个心得，将之总结为七字诀：专注、极致、口碑和快，如图 1-8 所示。

图 1-8 雷军的互联网精神七字诀

第一，专注：少即为多，大道至简。事实上苹果公司和乔布斯带给我们的最主要影响便是专注。高度相信大道至简，越是容易的事越难做。专注才有力量，专注才能把小事做到最大。

第二，极致：达到自身能力的最高限度。所谓终极，就是努力做到自己能做的最好，也就是努力做到他人所达不到的最高限度。小米第一次研发手机，选择的是双核 1.5GHz 处理器，用了高通、夏普、三星、LG 的元电子器件，还找了英华达、富士康代工，唯有如此，才能实现别人所达不到的高度。

第三，口碑：超越用户预期。品牌的核心价值就是超出预期，这种超出预期是在产品的各个方面都进行深入的调整，并给予客户物超所值的体验，这样才能够增加用户黏性，进而提升品牌的可控性与发展的可持续性。

第四，快：天下武功，唯快不破。尤其是在今天，敏捷试错，以及调整反应速度都很重要。快是一种力量，速度的提升能掩饰许多问题，因为企业在高速度蓬勃发展的时代一般经营风险都是极小的，而当增长速度下降之后，原有的问题通常将有所暴露。

2. 周鸿祎的网络科技思路：用户至上、体验为王、免费商业模式、颠覆性创新

第一，用户至上。客户不是最重要的，用户是最重要的，用户至上是基本的价值取向。互联网做的并不是把商品销售给谁，而是让所有用户都成为消费者，如何创造有意义的商品，与用户始终保持联系。互联网公司和用户关系并不是一锤子买卖，而是一种持久的伙伴关系。在网络上，当汇聚了更多的用户力量时（也是网聚人的能力），就会形成更大的化学反应，也就会形成更大的创新能力，如图 1-9 所示。

图 1-9　周鸿祎的用户至上思维

第二，用户体验为王。用户体验就是用户在使用产品过程中建立起来的一种纯主观感受。在传统互联网公司，由于用户的筛选效率特别低，因此产品的质量便成为产品保障的决定性因素。所以，一定要使用户获得超出其期望值的情感感受，这样用户才会对公司有交易以外的思想感情上的归属感，用户才可以成为公司的粉丝。情感感受也是很多互联网公司获得用户极其重要的手段。

第三，免费商业模式。通过免费的手段来颠覆传统商业模式。网络信息时代使免费提供发布应用软件，或者免费提供咨询服务变成了可能，并且用的人越多，摊在每个使用者的成本越少，甚至几乎为零。所以，免费在网络信息时代并不仅是一种经济发展对策，还有可能会成为一种发展模式。

第四，颠覆性创新。颠覆应该从两个很简单的方面实现：一是体验的颠覆，二是把原本很复杂的产品变得很容易，把原本很烦琐的事变得很容易。而这两个方面共同决定了发展的新颠覆，如图1-10所示。

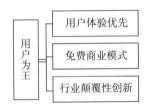

图1-10 周鸿祎的客户体验思维

3. 马云的互联网思维九字诀：跨界、大数据、简捷、整合

在马云看来，互联网思维的核心点有以下四点内容。

第一，跨界——体现价值发现思维。跨界是指在这个时代，由专业思维到跨界思维的变革趋势，与此相对应的是价值发现思维。在工业化时期，商业的基本功能是通过设计、采购、生产、运输、销售、服务等模块来体现的，而这也决定了跨界思维发展的必然性。

第二，大数据——体现用户定制思维。大数据分析所概述的是在网络信息时代由流程推动向统计结果推动的变化趋势，而与此相对应的是传统互联网用户个性化定制思维。在中国传统的制造业时期，指导公司生产运行的通常是工艺流程、生产品质管理、客户服务管理以及各种标准流程管理体系，而规范的业务流程、完善的管理实现了中国制造业时代规模化制造和统一、有效的生产管理，在

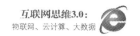

中国社会需求快速增长的时期有着无与伦比的优越性。

第三，简捷——体现产品经理思维。简捷所概括的是网络信息时代由以产品为中心向以用户为中心的变化趋向。在互联网时代，对好产品的定义就是使用简洁、方便，而在这些简洁、方便的功能实现背后，是以使用者实际需要为导向的产品经理思维，以及功能强大而复杂的数据信息处理技能。

第四，整合——体现平台思维。融合思维概述的是在网络信息时代由传统业务融合向新产业生态圈中的变化趋势，与此相对应的是全渠道思维或全网销售思维。在以往的商贸年代，美食街、电子商务城、工业园等产业发展模型资源集聚，凸显了行业集聚的优势，但是在冲破了这个时代和空间局限的网络信息时代，原有行业集聚效果也都已不再有效。

4. 马化腾：互联网+数字经济的一、三、五、七

马化腾表示，腾讯应该做到"一、三、五、七"，这也是腾讯能够始终保持活力的关键原因，如图1-11所示。

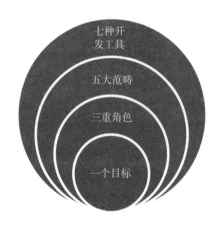

图1-11 互联网+数字经济的一、三、五、七

第一，一个目标指腾讯要成为各行各业的数字化助手，并助力行业完成数字化转型开放。

第二，三重角色指腾讯要专注地做三件事：做链接、做工具和做生态，即为各行各业加入数字世界提供最好、最齐全的连接器；提供最全面的数码工具箱；生态化共建，以开放、协作的宗旨，一起创建全新信息技术基础设施，与业界合

作伙伴们一起构建数码生态化共同体。

第三，五大范畴是指人民政务、日常生活购物消费行为、产品公共服务、人生保健和生态化工程环境保护。重庆市国税推进了"互联网+"的落地实施工程项目，开发票时不再拿着资料一遍一遍地走，办理者可以在线验证，当天办证件，用微信刷脸办税。在过去几年，历经不懈努力，各地部门已经将政务大厅全部转移到了网络平台，出入境旅游办理、缴税、电子身份卡等都可通过微信办理，为此各地政府和腾讯企业做了大量的工作，包括与各地十多个部门合作，运用了云计算、大数据等新一代技术。未来的发展趋势则是各地部门合作打通信息一盘棋，再造流程，以压缩时限提高工作效率。

第四，七种技术开发工具指公共账号、小程序设计、移动支付、社交互联网广告、中小企业微信、云计算技术、大数据分析与人工智能，包括信息安全管理能力等数字化技术开发工具的使用。

5. 张一鸣：内容赋能、内容技术和基于互联网智能的可进化组织

第一，平台超限战。传统网络 BAT 时代发展的核心内容是网络平台科技发展及用户信息获得和服务，实质上是增进信息内容厂商与使用者之间的关联，俗称网络平台增能，所以 BAT 时代更强调人与网络平台之间的协作关联。

第二，科技超限战。BAT 时代科技方法主要有两种：用户信息获得和流量增长，所有科技都围着这两点进行。而也正是这样一个浪潮导向的发展模式，为头条系应用吸纳了全国几亿、十数亿应用下载量。

第三，机构超限战。机构超限战的基本策略思想是用机构取代人、制约人和规范人，以提升产品效能和减少因个性决策而产生的不确定性。其目的是利用可快速发展的机构，授予人在技术中更大的选择权与生命力。

6. 传统企业家对话互联网思维

我们身处在一个大变革时代，无论是网络公司，还是传统公司，都必须要寻求变革，适应发展。互联网已经深深地改变人们生活的方方面面，传统公司要么主动变革，要么被其颠覆。传统互联网公司转型已迫在眉睫，不是要不要转型的问题，而是如何转型的问题。

美的集团股份有限公司董事长兼总裁方洪波和海尔集团董事局名誉主席张瑞敏，对互联网思维与互联网发展的看法与发展格局的规划如下：

（1）美的集团方洪波董事长：只有变革，才能重生。

2019 年，美的集团运营管理年会在广州举行，当时，企业正面临时代浪潮

的巨大变革，美的集团总裁方洪波召集全国美的人深入反省，正视问题，拥抱变革，为未来而生。

方洪波认为，未来一定会是 VUCA 时代（Volatility 波动性、Uncertainty 不确定性、Complexity 重复性、Ambiguity 模糊性）。竞争格局的颠覆最终会出现，而如何面对改变是企业发展的关键，为此他提出了三大改变：

1）经营模式需要转变，通俗地说，就是价值的主张（服务）和能力（成本费用结构和收入）要进行改革。

2）中国经济未来发展方法也需要变革，从增速红利转向存量裂变，以推动中国经济内生快速发展式生长。

3）创新能力将是决定美的未来发展的关键，进一步加大基础研究投资、生产创新能力建设、IoT、新经营模式开发、寻求新的国民经济发展功能、在全球信息化颠覆中抢占先机。

（2）海尔集团董事局名誉主席张瑞敏：诚信生态海尔打造物联网生态品牌。

张瑞敏对品牌的分类进行了详细的论述，他认为品牌分为三类：产品品牌、平台品牌和生态品牌。

1）中国传统时代的名牌就是产品品牌。要么是世界名牌，要么就是为世界名牌而工作。国内公司在传统品牌竞争上往往居于劣势，于是不少公司选择代工，这样就产生了有很多产品在中国生产但没有国内创造的局面。

2）在互联网时代的品牌都是平台品牌。在这个时候品牌之间进行着双边交换，企业要么有了平台，要么把平台拥有。在这个时代最典型的代表就是电子商务平台。虽然电商平台以流量为基石，能够给用户带来大量的商品选择，但同时它仍然是基于大量生产的交易平台。

3）在物联网时代的品牌是生态品牌。因为物联网时代是企业下一次经营活动发展所走向的全新时期，人工智能发展最终所带来的结果将是物联网。而物联网与互联网平台之间的另一个很大的差别，就是互联网平台主要以交易为主，而物联网则主要以交换信息为主。

互联网思维专栏 1-3：

运满满：货运平台重构物流生态

运满满创建于 2013 年，是企业根据云技术、数据分析、移动互联、人工智能应用打造出的电商物流生产调度服务平台。现阶段服务平台上申请注册重卡驾驶员超过 520 万人，货主超过 125 万人，形成了我国比较完善的车辆运输能力配备服务平台和智能化货运物流信息管理系统。

一、重构"互联网+物流"O2O 模式

近年来，运满满和菜鸟物流强强合作，将一起打通物流配送 O2O 模式，由干线到大中城市的上下行循环，并联合构建了互联网物流的配送承运网络。双方将在各自分布于全国的车站开展服务合作，以推动全网干线向"最后一公里"的延伸。在服务延伸方面，双方还将联系保险公司等第三方中介服务，一起根据机动车运送物流配送业务链上的需要，开展机动车后市场、移动网络等业务，形成完整的物流配送运输生态体系，形成全供应链生命周期业务，继续推动业务链的生态性构建。关于双方的长期合作，张晖、韩毅均对亿欧网表达了自身的看法，并期待着双方的合作在用户、企业基础数据的打通上，借助网络、大数据分析等的有效运用，给客户带来更佳的使用感受和惊喜，如图 1-12 所示。

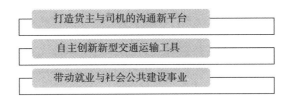

打造货主与司机的沟通新平台

自主创新新型交通运输工具

带动就业与社会公共建设事业

图 1-12　运满满互联网思维应用的社会效益

二、平台思维：避重就轻

运满满是一家"轻公司"，它运用了平台思想，尽量用互联网的方式将一个重要的行业做轻。起初，运满满和多数的货运 App 均以滴滴模式为参考，设计自己的业务模式。滴滴模式为什么可以取得很大胜利，最主要因素就是因为滴滴模式产生了很多新的需要，但并没有人从存量市场里分食蛋糕，这就使滴滴可以和其他打车平台的驾驶员公平交互，而不被人敌视。由于货运 App 公司所在的产业生存环境完全不一样，所以大体上都是用技术创新的方法做存量市场发展，这时必然会触动市场经济的利润布局，同时这种技术创新模型的公司也需要找到自身的差异性所在，才能有生存的空间。运满满就发现了自己的生存空间，把物流运输类型再次定位为大干线物流配送，避免了与一些企图大小货通吃的大型货车 App 竞争，转而在国内五百多万名已登记在册的重卡司机群体里展开了深耕。我

国的重卡车司机数量大概有 3000 万名，重卡驾驶员约占全国的 1/6，而作为干线的重卡驾驶员门槛相对较高，可以避免惨烈的竞争。在运满满掌握了将近 70% 的国内重卡司机用户资料之后，运用长期沉淀的大数据分析经验进行了研究，并从中发现所谓的种子用户，其实也是好司机，可以通过个体的代表找到标准化的可能，将其培养起来，再逐步实现标准化，如图 1–13 所示。

图 1–13　平台思维：避重就轻

三、结论与启示

运满满作为当前行业内发展较为迅猛的货运平台，其结合了互联网发展过程中的关键科技，从而自主打造出了一套数据累积系统与营运系统，而当前当数据积累到一定量级，整辆车的流向就可以重新去做调整，提高车载效率。积累了大数据，筛选出最好的司机，建立游戏规则，并反哺货主，这是运满满目前的主要商业模式。在这种发展模式下，运满满在未来也定将逐渐实现互联网思维模式的构建，从而打造出一套真正将互联网思维应用于企业的核心发展格局。

（资料来源：笔者根据多方资料整理而成）

第三节　互联网思维精髓：物云大（TCB）

在这种现代计算机科学技术蓬勃发展的年代，物联网方兴未艾、云计算也来势汹汹、大数据锋芒毕露、区块链蓄势待发。随着当今电脑科学技术的发展，以新型的移动通信、下一代网络信息技术和物联网为代表的新一轮信息技术革命将衍生出新科学技术、产业和新领域。

一、物云大是什么

信息技术的进步，使互联网进一步发展。移动互联网、区块链的出现，让互联网比之前更强大。从根本上来说，现代网络的发展，离不开虚拟化、物联网、人工智能时代这三种新的技术。即虚拟化时期以业务为主要中心，物联网时期以技术应用为主要中心，人工智能时期以客户价值为主要中心。当前普遍认为的互联网的九大思维都和物联网、云计算、大数据紧密相关。以用户思维为例，如何去理解用户，就需要通过物联网去采集、抓取信息，获取相关数据，大量的用户离散性数据构成了大数据，通过云计算解析挖掘大数据获得有价值的信息，如图1-14 所示。

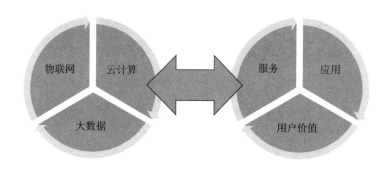

图 1-14　物云大组成简析

（1）用户思维，是指对经营管理理念和购买者的理解。用户思维是互联网营销的关键。用户思维代表在顾客价值的每一个阶段，都需要以顾客为中心来考虑问题。

（2）简易逻辑思维，表明对知名品牌和商品方案的理解。在产品策划和产品定位时要追求完美和简便性。针对设计产品，追求完美简约和简洁。简易代表着人的本性。

（3）完美逻辑思维，代表着对产品与服务的理解。

（4）不断思索，表明对自主创新全过程的理解。不断思索主要表现在两个方面：一个是微，另一个是快，当创新程度快起来之后，将会对整体创新的过程有更加深刻的理解。

（5）总流量安全事故，代表着对项目经营的理解。总流量代表量身，量体代表元器件。完全免费通常是得到总流量最重要的发展战略。质量互变规律会造成质变，要坚持不懈到质变的临界点。

（6）社会性逻辑思维，指对散播链、关联链的理解。运用社交媒体可以重构公司和用户间的联系。可以运用社会化网络更新改造组织协调和商业运营模式。

（7）大数据思维，指对公司财产、核心竞争力的理解。互联网大数据的使用价值不在于大，而在于发掘和预测分析工作能力。

（8）平台思维，是指对商业运营模式、组织结构的理解。服务平台是网络时代的原动力，战略营销的精髓是搭建各个方面双赢的服务平台生态体系，灵活运用目前服务平台，使公司变成职工的服务平台。

（9）跨界营销逻辑思维，指对产业链界线、自主创新的理解。互联网公司的跨界营销实质上是高效率的资源整合低效率。找寻高效率低的地区，摆脱收益分派布局。

互联网思维的基础是互联网行业的发展，而互联网思维发展的最底层基础便是物联网、云计算、大数据、区块链等科技群的蓬勃发展。通过发展信息技术，改变思维方式，进而带来价值。

二、互联网思维精髓：物云大的"内功心法"

物云大是什么？互联网思维是什么？以中国功夫作比喻就很清楚，物云大是互联网江湖的"上乘武功"，如易筋经、无相神功、九阳神功等，而互联网思维是支撑这些威震互联网江湖上乘武功的"内功心法"。

1. 物联网——九阳神功

九阳神功融会贯通武学的至理，经过打通身体上全部穴位修行而成，炼成之后天地武学都用。这与物联网利用了局部网络或互联网等新通信方式与手段，把传感器、控制器、主机、人和物等信息系统通过全新的方式连在了一起，进而形成人与物、物与物的互相联系，从而完成了现代网络技术信息化、远程管理控制和智能化服务的现代网络技术。

2. 云计算——易筋经

云计算是指通过网络"云"将巨大的数据计算处理程序分解成无数个小程序，然后通过多部服务器组成的系统进行处理和分析这些小程序，得到结果并反馈给用户。同时，这种计算方法也使设备能够更加高效地运转，甚至可以自我修复。

3. 大数据——无相神功

云计算是将硬件信息资源虚拟化，大数据分析管理则是有效管理的海量数据分析。如果做个更形象的解释，那就是云计算技术就等于电脑和操作系统，把大量的硬件资源虚拟化以后再加以分配利用；而大数据分析科技则等于海量数据分析的数据库系统，物联网是大数据来源的入口。未来的趋势将是以虚拟化技术成为计算消息资源的底层，并支撑了更上层的消息，而目前的趋向是实时互动的消息处理效率和大数据挖掘技术能力，这些能力又能改变企业商业模式及人们的思维方式。

互联网思维专栏 1-4：

良品铺子：零食王国的数据生态圈

2006 年 8 月良品铺子创立于武汉市，迄今已有逾 2000 家店铺遍布华中、华东、华南、苏北、西南、苏北等地区。良品铺子 16 年专注高档零食市场，精选了世界上 32 个产区原料，产品多达 1000 余种，口感丰富多变。因此良品铺子始终在全球经营高端零食产业市场保持着活力，成为零食的国货之光。

当前良品铺子实现营收突破数十亿元，净利润也突破亿元，销售增长趋势持续居高不下，利润额也逐渐创新高，发展前景较为光明，良品铺子已经成为行业中的龙头企业。

一、大数据时代超标准打造新零食

良品铺子把高端零食定义为品牌战略与企业策略，并希望以高端零食策略推动产业升级。

其通过以周为基本单元的研究消费大数据分析，平均每周抓取多达两百万条消费者评论，并利用反馈数据来洞悉消费者的行为与喜好，进行对用户群体的精准细分和发现，不断完善现有产品设计，及时开发新产品。

恰好是这种珍贵的数据信息使良品铺子可以开发设计出消费者喜爱的产品，新产品研发工作能力领域名列前茅。2022 年，良品铺子拥有 200 多人的高品质管理精英团队，开发设计了 1500 种零食。这些零食全是根据对消费者科学研究和数据分析得到精准的用户画像，再次仿真模拟群体和消费者情景，最大限度地满足消费者的全部要求。以海产品零食为例，为了做出最好的口味，调试了 20 多次秘方。良品铺子的大时代战略，如图 1-15 所示。

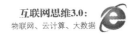

图 1-15　良品铺子的大时代战略

二、整体颠覆性的大数据改造

新零售要落地，必须依赖智能化核心串通起企业与消费者的关系。除此之外，还应该完善对消费行为的研究，提高以顾客感受为核心的企业经营效率。

作为一家互联网公司，良品铺子的信息化合理布局与公司发展基本同步。21世纪初，创业人就用所有盈利上线了店面信息化智能管理系统。2009年，良品铺子上线了库房信息化智能管理系统，该体系可在4个小时内回应店面补货订单，挑选出加急订单优先选择安排发货。

良品铺子的全自动补货系统，可通过大数据系统进行完全匹配。2012年，良品铺子天猫旗舰店上线，每天的订单数量常常达到这家店铺前一个月的订单数量。许多公司的产品在零售实践中都会面临这一情况，即线上的仓库还空着，而实际产品却在线下库房里堆积。唯有一个强有力的系统，才可以把零碎的信息整合，如图1-16所示。

图 1-16　良品铺子的核心竞争力

三、结论与启示

在当今的互联网时代，良品铺子以客户需求为导向，从产品开发设计到零售终端，都应该以顾客为第一导向与唯一导向，满足顾客的需求才是良品铺子发展的关键。打造中国高端零食品牌，将零食的营销和公司的发展与互联网相结合，以新型科技设备为媒介对原有的运营模式进行颠覆，从而进一步推进整体的核心竞争力发展才是当前应该着力注重的重中之重。

（资料来源：笔者根据多方资料整理而成）

三、互联网思维：明心见性，万法归宗

云计算强调结构的计算方面，着重突出快的特点；大数据强调数据存储与分析方面，着重突出准的特点；物联网经营模式以虚实结合特质，着重突出狠的特点。

互联网思维是什么？是人的思维模式，是活的，只是一种方法或指导原则。物云大是什么？是人创造的技术实物，是需要人来操作的。

因此，它们的关系相对明确，物云大催生互联网思维的形成和发展，互联网思维指导约束物云大的发展。以下三个公式则能更加直观地表现三者间的关系。

互联网思维=互联网文化×思维模式

互联网文化=精神+价值+技术

因此，互联网思维=精神思维模式+价值思维模式+技术思维模式。

第四节　数字时代与互联网江湖

作为经济增长、推动我国政府治理体系与经济社会能力现代化发展、适应中国人民逐年增加的生活需求等关键抓手，数据技术及其数字化、网络、智慧等深入兴起，持续涌动的创新、更深层次的信息技术融合以及巨大的经济体量，将使中国加快进入数据时代。数字经济时代已经到来。

一、互联网下半场：开启数字时代

互联网上半场指实体公司通过网络工具的运用，如品牌公司通过电子商务平台卖货，并把大数据收集回来；医药公司则是利用药品、健康类电商平台累积了大数据的。由于网络技术的成熟，不少公司开始累积大量数据，并逐渐过渡到互联网时代下半场。

1. 腾讯公司：上半场是消费互联网，下半场是产业互联网

腾讯公司表示，移动互联网时代的上半场已经接近尾声，而下半场的序幕则正在拉开。但随着我国网络数字化进程，移动互联网时代的主阵地，正在逐步由上半场的消费网络向下半场的产业网络方向发展下去。但实际上我们逐渐发现，假如大部分的物与业务无法全部数字化提升，那么人与物、人与业务的贯通将永远无法迭代。为了使广大个人用户得到最好的商品和售后服务，就需要将网络技术和行业深入融合，将数字科技下沉到信息产品制造业的核心地带，让数字化深入到企业供应链的每一环节。推动供应端技术和网络的深度融合，助力行业完成互联网数字化变革提升，使每一种行业都变身为智能行业，从而达到数字化和智能化。

2. 360公司总裁周鸿祎：互联网下半场主角都是传统公司，要深度融合

周鸿祎首先提出将数字经济和传统产业结合已成为我国基本国策，并从技术创新视角阐述了三点。

第一，在未来，现代实业、传统工业等将会是数字经济的主要代表，这也是在这个领域里人们常常所说的互联网的下半场，是一种深度整合。这里面的主要问题就是我国传统产业如何进行网络数字化转型，而并非过去讲的如果我国传统产业已经完成了计算机化就叫网络数字化了，也并非做出一个APP就叫无线互联网化了。通过这么多年的不懈努力，服务信息系统已经带来了相当好的商机，当中有些关键技术在服务信息系统的支持下已非常纯熟，而将这些关键技术整合并运用，恰恰能够协助很多国内的传统服务行业，特别是国内传统制造业解决服务信息系统数字化的问题。

第二，当互联网网络还在上半场发展时，传统互联网公司都号称已经摧毁了某些传统行业，人们觉得传统互联网公司一直是颠覆者、毁灭者。但是在与传统工业相结合的下半场，企业数字化的主角必须是传统公司，而互联网企业与它之间则必须是一种全力协同的伙伴关系，而不是谁取代谁、谁颠覆谁的关系。

第三，安全性问题是信息融合的关键。如果不解决安全性的重大问题，对数字产品来说将会产生灭顶之灾，也就是说如果这种信息系统越来越自动化、信息化、智能化，安全性问题就会特别大。

2019年1月，由波士顿咨询服务有限公司、百度互联网经济发展研究中心、阿里研究院等共同发表了《中国互联网经济发展白皮书2.0》，报告认为，我国互联电子商务蓬勃发展正进入新产品融合发展时期，互联网络技术和实业经济社

会蓬勃发展也正深入融合发展。

现阶段，在城镇居民消费侧，城镇居民消费互联网网络崛起。在制造业侧，制造业互联网网络崛起。从价值链角度来看，居民消费网络引领了工业网络的发展趋势。而居民消费网络的前端应用技术和模式的革新，正在通过价值链环节带动中后端制造各环节，真正实现了数字化产业协同发展。在居民消费网络引领工业网络这种特殊的中国数字化发展途径上，消费互联网公司充当着特别关键的作用。根据目前中国的经济发展态势，由消费互联网迈向工业互联网将是必然趋势。

首先，我国人口增长红利的消失，由于互联网流量成长速度缓慢，总使用者规模数量也日益饱和，数字新媒体产业（Telecommunication，Media，Technology，TMT）公司通过补贴用户获取网络流量的方法已不能再持续利用，且获客成本也在日渐上涨。今日国内的网络用户增长率较 2013 年相比大大降低，增长速度陷入低迷期，怎样提升商业经济效益，已成为国内互联网创业企业最为担忧的问题。

其次，由于线上资源比较集中，因此互联网巨头们有很大的资源优势，从线上走到线下。BAT 优势资源聚集，且各自均具有跨领域的资源优势，帮助其快速地向线下发展。

再次，由于我国的实体零售业市场集中度正在降低，传统零售企业向数字化转变力量相对欠缺，而这些公司自身数字化力量又比较薄弱，亟待向数字化转变，也就给互联网公司进入线下市场带来了巨大发展机会。

最后，从我国经济发展的根本出发，移动互联网的发展首先获益的就是消费互联网领域，其快速、便利的适用模式正在改变着年轻人的购物消费行为、习惯。而我国传统工业领域未能在移动互联高速发展的时代搭上"互联网+"的便车，因此相对于购物消费行为模型、消费需求情景的转移，我国传统服务行业更急需的是信息的改变，在中国传统市场消费需求红利殆尽的时刻，转向业务互联网寻找新的发展机遇，是中国 TMT 公司迅速壮大的必须发展趋势。

互联网思维专栏 1-5：

金蝶：新一代智能协同云颠覆传统 OA，赋能成就客户

金蝶国际软件集团有限公司（以下简称金蝶）始创于 1993 年，是中国香港联交所主板上市公司。以"致良知、行正道、走王道"为企业核心价值观，以

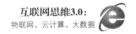

建成中国最可以托付的中小企业服务网络平台为理念,坚持"用户至上、小、美、快"的生产服务宗旨,致力于作为世界领先的云服务提供者,助力中国国内中小企业实现数字化转变。

一、金蝶云之新一代智能协同云:直达、共生、成就客户

智慧协作云系列的产品功能丰富,但重点针对的仍是传统的五大方案,包括了面向大公司的移动工作网络平台、智能协同云、ERP 移动门户网站、生态圈和报表方案。正如发布会主题"直达·共生",云之家将作为金蝶全线产品的移动门户,与 ERP 深度融合,为公司全员提供智能的、移动的,以及社交化的企业服务,从而促进公司内部与合作伙伴之间可以直达与共生,重构更有效率的管理工作流程与运作模式,从而完成企业经营管理模式的全面改造升级。

云之家 CEO 宋立超先生代表金蝶专注于中小企业服务,并一直站在产业互联网舞台的中心,云之家借助了金蝶公司产业互联网的策略,连续几年取得了大型公司的市场占有率第一名的地位,也为制造业的海尔、海信,房地产的万科、华润置地,医疗产业的华大基因、九州通,以及安踏、匹克等大公司提供了转型与创新服务。

我国企业的需求是"产业互联+协同工作+移动门户+开放平台"。云之家将成为金蝶全系统业务的手机入口,与 ERP 深入融合,打破传统 OA,创新企业运行方法,进一步专注于新一代智能协同云,突出每个人都是公司 CEO,生态协同,智能体验的全新特点,促进公司管理层和合作伙伴之间的直达与共生,重构公司更有效率的流程与运作方法,完成公司运作机制的变革与提升,云之家将助力 350 万家公司走向智能协作办公时代,如图 1-17 所示。

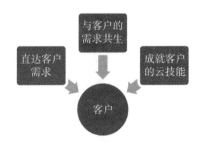

图1-17 金蝶协同云模式

二、金蝶云紧抓时代关键点，创新产生新发展

云之家认为产业互联网浪潮的核心是围绕如何进行模式创新和围绕着价值创造而产生，以数字化为核心，要把一切以数字化的形式表现，从而实现真正对于客户价值的再次创新。产业互联网是产业和互联网技术及模式的重组。

云之家的使命是如何帮助企业成功进行产业互联网数字化转型。产业互联在新的工作方法里面也是一种大浪潮，在这个模式的变化下，非常重要的一点就是引导个人、组织与生产的关系，风云之家的初心就是研究如何更好地赋能个人，激活团队，使人们都变为卓有成效的领导者。唯有如此，才能更好地为顾客创造价值，去赋能所有合作伙伴，帮助整个生态的成长。在产业互联网模式下，云之家产品战略更加聚焦新的智能协同云，更关注如何大规模地提高相互协作能力。

依托于金蝶国际领先的云端业务产品技术与客户经验，金云之家的新一代智能协同云服务已全面覆盖了传统 OA 的典型场景，具备了智慧驱动、开放融合、性价比最高、易于实现运维、多种云端部署模式、安全稳固、可个性化定制服务等优点，是公司全员的智能办公小帮手，通过采用智能化、移动化、社交化的办公方法，有效提高了应用体验与公司内部协同管理水平，如图 1-18 所示。

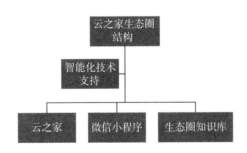

图 1-18 云之家生态圈运营结构

云之家生态圈为大企业构建生态平台，连接上下游合作伙伴。云之家生态圈产品为大企业提供多端同步的生态门户；通过云之家、微信小程序实现跨企业高效沟通；统一授信的生态圈知识库，跨企业知识分享更安全、更高效；打通业务壁垒，实现业务互联；数据运营分析，大幅提升协同效率。

三、结论与启示

相比传统 OA，云之家能有效降低成本。其具体体现在企业不需要购买服务

器、数据库，无须配备专业系统运维人员，5年总投入降低60%~70%，且实施简单，注册即可使用。基础功能无须安装配置可快速上手，功能模块支持在线购买，每两周升级一次，可确保易用性。

产业互联网未来已来，只是并未协同，这个协同需要企业用新的协同方式帮助组织进行变化，变成更加适合于协同的组织，帮助企业更好地跟客户进行更加直达的协同，形成更大规模化的协同，通过新的智能化技术，提高协同效率，通过不断协同，创造更多新的机制，助力每一个企业成为这个时代成功的数字化转型产业互联网时代企业。

（资料来源：笔者根据多方资料整理而成）

二、物联网：万物互联的数字智能大时代

新技术革命的核心内容是数字技术革命，这种革命是根据数字新技术应用发展趋势而进行的科技型革命，并打造了一套自主的技术性管理体系，其主要包含互联网大数据、云计算技术、物联网、区块链技术、人工智能技术五大技术。五大数字技术是一个整体，互相融合呈指数级增长，推动了数字互联网经济的快速高质量发展。

现阶段，全球物联网作为各行业中的重要主线任务发生。需求侧消费性物联网，即物联网与移动互联结合的互联网，如智能穿戴设备、人工智能产品、智能家居、通信平台、智能养老等产业的拓展与应用，贝恩公司与阿里巴巴携手发布的《中国新一代工业品电商的趋势展望》报告显示，从2017年到2025年，工业生产物件网上总数将提高4.7倍，交易物件网上总数将提高2.5倍。

那什么是物联网呢？物联网就是指根据射频识别技术（RFID）装置、红外线传感器、全球定位系统、激光扫描仪等信息感应器机器设备，依据承诺的协议书，与一切物联网、信息互换开展通信。目前有三条关键的全球物联网发展线。

（1）物联网与移动互联结合的可移动物联网，如智能穿戴设备、智能产品、智能家居系统、通信、智慧养老等，达到各种需要的消费性物联网。

（2）朝向多措并举的生产效率物联网，即物联网与工业生产、农牧业、电力能源等传统产业紧密结合，产生领域物联网，变成领域创新发展的必需设备和核心因素。

（3）根据物联网的大城市系统化信息采集系统，使新型智慧城市变成物联网运用集成化自主创新的综合平台。

三、云计算：互联网时代的水电煤气

云计算（Cloud Computing）是一个基于网络的运算方法，利用这种方法，整个系统的所有软件、硬件资料和信息都能够按需要提供给电脑终端，以及其他的电子设备。即云计算，是通过网络按需求服务计算能力、数据库存储、应用程序和其他 IT 资源，并采用按使用量支付定价模式。

云计算是一个崭新的商业模式，大公司和个人用户借助高速网络获取计算能力，因此避免了巨大的硬件投入。简而言之，云计算已经成为各行各业的"水、电、煤气"，成为互联网时代的基础设施。随着云计算技术的应用越来越广泛，更多的大公司也开始拥抱了云计算业务。

互联网行业是云计算诞生之地，也是云计算最早商用落地之处，更是目前云计算消费的绝对主力。不仅如此，互联网行业整体的"用云量"还在保持高增长，在未来也将达到新高。

互联网思维专栏 1-6：

平安云：打造"平安"的云

平安云创立于中国平安保险（集团）股份有限公司，由平安科技独立研发的平安云现已建设为国内金融行业最大的云平台，涵盖了平安集团公司 95% 以上的咨询服务公司，并支持了 80% 的业务系统投资。将以金融行业为起点，逐步拓展至更深入的医疗健康和智慧城市建设应用等领域，并作为平安业务的整体综合应用输出网络平台，为整个行业提供基础设施服务（IaaS）、通用平台服务（PaaS）、软件应用服务（SaaS）全栈式云服务。

一、构建五大生态圈

从 2013 年开始至今，平安云始终坚持走开放与自主开发相结合的发展道路。目前，平安云重点关注金融、医药健康、汽车业务、地产业务、智慧城市五个生态圈，在海外也已经累积了超过 500 家的公司客户。

平安云赋能其旗下五大生态圈，以三维思维驱动产业创新推动技术发展，通过分析服务连接、融合、加速、洞察四大核心需求，建立了云计算技术的创新模型，并打造了物联网服务系统、多元云业务解决方案、PAFA-Cloud 微服务平台、大数据云端应用分析系统四个创新型的云服务。如图 1-19 所示。

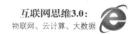

图1-19 平安云金融服务

二、提供内部云、公有云、专有云+私有云"3+1"的多元解决方案

在平安云的实施中，平安云将支持平安人寿120+业务体系，并完成了保障保险开门红活动。同时，平安云将辅助平安人寿体系的构建成本减少40%，系统部署周期将由1个月减少至1周，辅助保险签单流程提速4倍。另外，今后平安云的对外业务重点范畴也将环绕：金融服务、医药、汽车行业、地产和智能城市建设这五大垂直应用领域。下一步，整个平安集团科技公司都将向外扩张，涉及金融服务领域的金融壹账通，智慧城市应用领域的平安智慧城市，地产应用领域的平安城科技，医药领域的平安好医生、医保科技等，如图1-20所示。

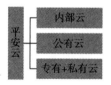

图1-20 "3+1"多元方案

三、结论与启示

平安科技首席技术官兼总架构师方国伟介绍："在上云前，针对企业复杂架构，基于平安集团内部公司上云场景积淀，提供内部云、公有云、专有云+私有云'3+1'的多元解决方案；上云迁移与管理运维过程中，'混合云管平台''金融专有网络'等特色服务帮助解决多云异构管理、安全隔离等问题；'一条龙'开发者服务帮助提升已经实现云端迁移的企业用户大幅提升性能优化与服务创新的效率。"

平安云要支撑整个集团不同科技公司往外拓展，同时要强化生态。因为在

"走出去"过程中，不能单靠平安自身的技术，还要强强联手，在一些平安缺乏的技术领域中，寻求有力的合作伙伴。

（资料来源：笔者根据多方资料整理而成）

四、大数据：数据就是价值

现在的中国经济社会正高速发展，人们处于大数据的时代洪流之中，而随着互联网、物联网等的蓬勃发展，人类相互之间的沟通更加紧密，生活也更加便捷，而大数据分析正是这种高科技时代的产物。对一般人而言，大数据触不可及，并非很具体的事情，但它切切实实适用于人们的日常生活，并推动了科学发展与社会变革。

大数据分析已经成为信息时代发展中一个必然的产物，同时大数据分析也正加速渗入人们的生活，在衣食住行等各个层面上都有所表现。大数据时代，一切可测量，一切可分析。谁也无法断定大数据未来真正的趋势，但必须是以各种科技为基础且交叉融合，才能够释放大数据的洪荒之力。

物联网、云计算、大数据与区块链已经进入我们的生活。我们都在享受数字技术给我们生活带来的便利。云的互联网信息年代，云计算技术以迅雷不及掩耳之势直接影响并彻底改变了人们的日常生活。而物联网信息时代，人与物之间、物与物之间都可以及时任意相互沟通。

近年来，大数据受到了人们的广泛关注，其似乎渗透人们生活的各个部分。除此之外，每个展会、高峰论坛、沙龙等都在讨论同一个问题：什么是大数据？很多专家用4个"V"（Volume、Velocity、Variety、Veracity）来表达自己对大数据的专业理解，但是没有办法使非专业人士能够理解和记忆。而最好的教学方法就是以实例来进行证明，什么是大数据。

五、区块链：实现信息互联网到价值互联网转变

区块链是一种无法篡改的、可发展的数据库存储技术，庞大的区块数据集合承载了每一次的交易过程，区块链通过去中心化的安全技术，可以提高数据稳定性、减少数据保护成本、促进组织自动化发展。

区块链最内核的价值，在于利用流程计算来形成一种公平透明化的规范，并以此为基石来建立一种诚信网络，从而实现了点对点双方的诚信和交易的安全性，这样就抛弃了传统的中心化的第三方金融机构体系，也取消了统一的账簿更

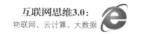

新和认证等环节。随着链接经济价值的逐步显现，分层结构与跨链互联将成为区块链规模化的重要技术基石，未来可能在银行业务、会计、物联网、医药、公证、版权管理等领域应用。

六、共享经济：共享未来

共享经济发展的发生，自身便是综合性互联网、物联网、互联网大数据、云计算技术、区块链技术、人工智能技术等技术性标准，使安全、及时、合理的社会资源供求相符合，完成人性化和人性化服务的自主创新结果。这类商业运营模式刷新了传统制造业绿色生态的进步运动轨迹，进入到新兴行业的门槛大幅度降低，低平均成本，甚至是零平均成本。

共享经济发展是信息技术革命与人们社会经济发展本质要求紧密结合的产物，是融入信息社会经济发展的新方式、新模式和新思想。从某种程度上说，假如不理解共享经济发展，就无法了解我国经济发展的现状，也无法了解全球经济的未来。

可以说，在这个无所不在的互联网、应用软件、服务项目时期，互联网加速发展，全方位渗入各行各业。互联网逻辑思维像电力工程和道路一样，已经变成现代社会的基础设施之一。互联网不但是高效率的专用工具，也是搭建将来生产过程和生活态度的设备。因此可以想象，互联网思维一定会变成全部商业思维的起始点。

【章末案例】

海尔电器：海尔智慧家庭，定制美好生活

一、公司概况

创立于1984年的海尔集团，在其30余年的发展道路上，海尔一直洞悉家庭生活的需求变革，并持续地把海尔品牌打造成代表社会时尚进步的国际同龄名牌。如今，海尔积极开拓、深挖智能家电应用领域，以海尔智慧家庭，定制美好生活的号召，把人工智能、物联网等高智能技术整合到家电产品中，重新定义了智能家居。海尔通过在智能家用电器领域的持续探索与技术创新，为用户构建个性化关系，并使用户切实投入到产品当中，重新诠释了海尔以用户为中心、致力于技术革新和工业设计、将智慧技术和生活艺术相融共存的世界型智能家用电器

品牌形象。

二、海尔智造：以用户为中心的大规模定制

当前，消费者要求更加多样化、高端化，传统规模化生产已经很难完成消费者体验的提升与迭代。所以，制造业就需要克服大规模生产与个性化定制之间的冲突。

首先，在海尔 COSMOPlat 大规模定制平台上，用户可以根据个人喜好，选择产品功能、材质、颜色，对有定制需求的部件可以自行设计。在家通过互联网移动鼠标就能造出一台梯形冰箱、圆形洗衣机，或者无噪声空调，传统工业时代的天方夜谭在海尔互联工厂成为最普通的日常。

其次，个性化订单直达工厂，工厂通过 COSMOPlat 智能系统自动排产，并将生产信息自动传递给各个工序生产线及所有模块商、物流商后开始投产。更能增强用户体验感和参与感的是，海尔同时把互联工厂打造成了透明工厂，用户通过手机终端能够实时可视整个订单的全流程生产情况，如图 1-21 所示。

图 1-21　基于社群交互的大规模定制平台

在海尔中央空调互联工厂，目前已经实现 100% 的产品由用户定制，100% 的用户成为终身用户。

在自动化生产线上实现私人个性化定制，是海尔工业 4.0 智能互联工厂带来的制造变革，一举解决了大规模工业设计生产和私人喜好之间存在的天然矛盾。

三、用户定制背后的人单合一与制造业新生态体系

海尔集团公司董事局名誉主席张瑞敏曾表示，他们通过实施人单一体等国内双创管理模式，企业获得了营收与利润率的增长。

通过十多年的摸索，人单结合有了创新的内涵，即搭建一种共创协作的网络平台。海尔表示，网络技术创新的零间距将把以公司为核心，转变为以网络终端客户为核心，将小型制造转为规模定制；网络造成的去中心化则把公司中的负责人从过去的管理者变为了消费者，颠覆了公司内部的科层制；网络造成的分布式则表明，人力资源并不局限于公司内部而且来自世界各地，打破了传统公司的内部职能。

从实践上看，人单一体的新要求倒逼海尔对团队颠覆、业务流程提升，管理机制革新等相关方面做出主动尝试，主动研究、构建了人单一体管理模式在制造业领域中的新落地载体，如 COSMOPlat 网络平台。反之，COSMOPlat 网络平台则为人单合一的模型提供了认证和技术支持，一切数据信息均在 COSMOPlat 网络平台上进行管理和运作。

海尔集团董事局主席张瑞敏说："让用户能够参与到产品的设计、制造，甚至营销过程中去，真正实现以用户为中心的互联，才能与用户融为一体，这才是根本。"

四、互联工厂是生态系统

海尔互联工厂模式如图 1-22 所示。

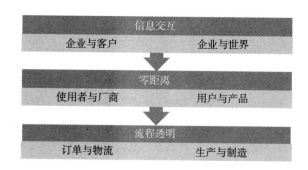

图 1-22 海尔互联工厂模式

支撑互联工厂生态系统，企业必须拥有以下三个方面的实力：

第一，可以做到用户整个过程的信息交互。全世界的用户能够随时随地使用移动终端来定制所需求的个性化商品，全过程的参与产品设计、生产。

第二，要实现使用者与厂商之间的零距离。使用者的个性化订货，可垂直下到海尔全国的供应商车间，这也能够缩短产品制造与订单处理之间的中间环节，将其中这部分价格直接让渡给终端用户。将生产的原物料，采用智慧互联、柔性生产技术产出高度定制的产品，并直接配送给终端用户。

第三，全部流程透明可视。订单产品以及物流情况，能够即时传递给用户，使用户能够进行快速查看，并通过对产品的识别与追踪，从而达到对用户从其定制的订单到实际生产的产品制造过程，再到物流配送的任何一个环节的即时可视化。

传统工厂与互联工厂相比较，传统工厂可以交货商品，获得顾客；互联工厂最先与客户互动，获得客户体验。传统工厂遇到的很多问题，如库存量、单一化、高费用等，都是在互联工厂模式下获得处理，如图1-23所示。

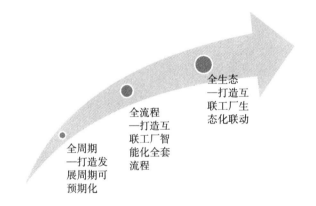

图1-23 互联工厂：全周期、全流程、全生态

海尔集团副总裁陈录城针对一些问题表明态度，首先是存货过多的问题，工厂的任何订单都与用户有所捆绑，因此能够大力推进库存的处理，从而实现零库存；其次是产品单一化的处理方式，互联工厂本质上是用户参与到产品交互、设计、生产过程中，而不再是由企业设计产品的过程；最后还能有效解决高成本、低利润的问题，传统工厂的中间环节多、运行费用高，导致利润下降，互联工厂的产品由工厂直发到用户，省去了所有中间环节。

从传统工厂到互联工厂有多远？在海尔高层看来，思维方式的转变，是互联工厂建设过程中的核心挑战。

首先要以用户为核心的思维模式，流程上从串联到并联，在平台上的数据都可同步到所有节点、同步运行，但只有以用户为核心才能实现这一点。其次是开放平台，引进世界一流的文化资源投入。海尔董事长周云杰认为，海尔的机械设备商、模组商、整机方案，以及自动化机器人系统企业等一流资源参与，才会使互联网制造企业工厂的成功落地。海尔的供应链资源系统海达源约有30000家供应商，来自日日顺的数据显示，物流约有50%的订单服务的不是海尔客户。

五、结论与启示

我国国内的家电市场正向着沉浸场景、内容承载、数字改造、潮品潮店的全新业态转变，而随着物联网时代的来临，智慧家电也获得了前所未有的发展良机，其中云米科技发展势头更是迅猛。可以预见的是，家电行业正朝着IoT（Internet of Things）的方向前进，云米科技等先行者已为行业成功展示了这一方向的可行性，这将助推家电行业向高端化、智能化方向发展。云米科技的发展为众多新零售企业的发展提供新思路，对处在物联网时代下的企业应做出如下思考。

第一，软硬件生态链逐步完善构建万物互联框架。从IoT到IoE（Internet of Everything），在云计算、边缘计算和人工智能等加持之下，芯片、系统、人工智能等技术所搭建的庞大软硬件生态链进一步升级，真正给万物互联搭建起"钢筋铁骨"。过去的家电必须手动操作，有诸多不便，而天猫精灵、小爱音箱、小度等智能音箱的面世，不仅实现语音操控，还可做到多设备接入，一声令下，实现全场景应用。同时传统厂商纷纷入局，利用原生优势大展拳脚，往智能化靠近，为万物互联的框架添砖加瓦。

第二，智能终端或将打通重塑万物互联的生态。鸿蒙系统革命性的分布式技术可让应用开发者开发更多跨终端的应用，将多个物理上相对分散的终端用户融合为一个超级终端，按需要通过调用适配出最适合的场景。此举或将打破目前单枪匹马各自为战的单品连接为主、多操作系统的格局，融合成一个不再隔绝的软硬件生态链，使万物互联前景更上一层楼，加速万物互联时代的进程。

第三，智能解决方案助力企业转型升级。万物互联时代已经到来，在这个时代里，企业的智能化转型升级不可避免，尤其是在大型传统厂商入局的情况下，中小型企业如何破局成为关键。由此智能解决方案应运而出，为中小型企业提供破局之道，尤其是目前正在高速发展的智能家居行业，转型升级必将是大势所趋。

第二章

物联网：智能引领、万物互联

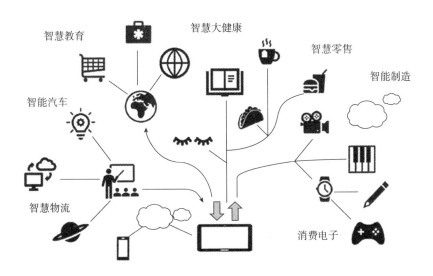

【开篇小语】 在网络高速发展后，网联网作为中国信息产业新一代技术的主要部分物联网用途广泛，遍及环境保护、平安居家、健康管理、公共安全等多个领域。它不仅是科学猜想，也是一次科技革命。它让物品和服务功能都产生了质的飞跃，这也将为用户提供更快捷、更方便、更安全的社区服务产品系统。使社区运营的效益更高，更具人性化和智能化，最后建立完整的"智慧地球"。

互联网发展的下一步是从手机互联网到万物互联，下一个最大的风口将是万物互联网。未来佩戴设施，包含钟表、眼镜、桌椅、台灯等将会成为物联网交互的对象。在未来，由万物互联网孕育的新产业机会，将是当前无线网络的十倍以上。

——刘庆峰

【开章案例】

华为的智能家居：构建"HiLink inside"生活系统

2015年12月，华为推出了HiLink战略，并开始积极发展智能家居生态。2018年6月，华为推出了全场景的智能生活生态策略，包括HiLink生态品牌华为智选，并公布将全方位推出耀星规划，还将成立DigiX科技工场等。近两年，华为围绕全场景的智能家居战略，从门户、服务、环境三维度对IoT方面进行了多维度布局，目的是为企业创造一种多姿多彩的互联网智能化家庭生态。

一、公司概况

华为技术有限公司创建于1987年，是一个全面由职工或个人掌握所有股权的民营企业，目前有约18万名员工，服务区遍布170余个国家和地区。30多年来，华为一直致力于研究通信基础设施和智能终端，如今公司已发展成为全球领先的信息与通信基础设施和智能终端提供商。作为国内的ICT技术领先供应商，华为也不断推进物联网战略，NB-IoT的技术基础设施也日益完善，在国内已建设超50万个基站，在商用连接上突破了100万家。同时公司还与1000多个生态伙伴共同构筑生态，开创了物联网的黄金时代。在虚拟现实、大数据分析、企业园区、数据中心、物联网等新兴应用领域，华为不断提高软件技术与创新解决方案，推广到智慧城市、和谐都市建设及服务、能源、交通运输、先进制造业等新兴行业进行广泛应用。[①]

二、华为HiLink：智能家居生态化战略图

2019年3月，华为在上海召开了主题为"真生态臻品味"的HiLink生态化

---

① 资料来源于华为官网。

会议并宣布，"华为 IoT 的生态策略，将全面提升为全场景智能策略"。华为将根据 HiAI、两大开放式网络平台和三层结构化产品的策略，为业界创造一种多姿多彩的智慧家居生态系统。华为将担当最好赋能者的重要角色，为业界建立完整的 IoT 生态平台。

华为 HiAI 扮演着环境内核驱动力的关键角色，HiAI 智能终端的计算平台将面向整个环境，同时实现了芯、端、云三个层面的信息开放性，以赋能全世界的经济合作。在华为"1+8+N"的三层结构化产品生态中，1 指手机，8 指平板、PC、有线电视、车机、耳机、音箱、手表、眼镜。2015 年，华为消费者服务启动了 HiLink 智能家居战略，并打造了 HiLink 的统一平台，与多个全球及知名地产、家电行业和相关的设备供应商展开了合作，共同为其提供一个统一的、智慧的家居生活应用平台。现在，HiLink 产品已经涵盖了 100 多个生活种类，而且还能够兼容业界最普遍的连接协定，如 Wi-Fi、Zigbee、蓝牙等，如图 2-1 所示。

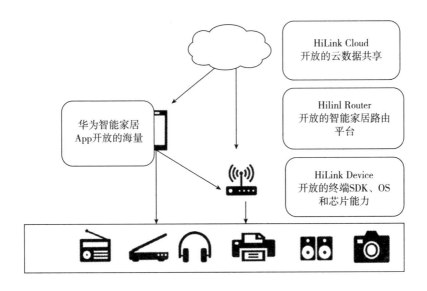

图 2-1　HiLink 华为万物互联的全链接协议标准

HiLink 究竟能够解答哪些提问？HiLink 为了涵盖云、端、边、芯，实施了万物互联网的全链接框架技术标准，通过端对端技术对整体生态赋能，既解答了不同品牌厂商智能设施内部的互相沟通问题，又可以让同一接口平台的不同厂商设备之间相互进行"普通话"交流，进而通过全场景化的智能链接为终端用户提供完整的家居体验。在 HiLink 网络平台上，华为将继续赋能，让产品协作的伙伴们更注重实现软硬件功能与服务水平，做到资源优势相辅相成，并且进一步提升 IoT 商品的智能感受。根据 HiLink 智能家庭的生态化策略，构建了三个生态合作模式：①华为智选产品将着力于深入协同赋能，并致力于打造出 IoT 的第一用户体验标杆。②Works with HUAWEI HiLink 产品注重于广度产品和批量协作，致力于开启能力、助力伙伴产品的智能体验。③云云对接账号互通致力于活化存量应用，提高基础应用体验。

三、生态圈：HiLink 合作伙伴

华为深知怎样跨品牌的生态产品协同工作等，从而为消费群体带来更舒适的生活方式，这是物联网在整个居民消费应用领域的巨大挑战，同时也是一个公司永远都无法为自己实现的巨大挑战。真正的生态需要由华为企业和伙伴企业共同建设，所以在 HUAWEI HiLink 平台上，华为企业继续赋能，与行业的伙伴们一起专心于进行硬件产品与服务，以做到资源优势相互补充，进而持续提升 IoT 生产的智能体验。

HiLink 平台采用"华为+合作伙伴"的形式实质上是一种轻负债的盈利模式，从而省去自己一手包办的成本，同时合作伙伴也会有更多的收益空间。华为 HiLink 开放协议已与海尔、美的、BroadLink 等国内知名厂商合作。而华为与苏宁易购、居然之家的强强联合，表明了华为也在逐步推进渠道方面的提升更正，也是整个 HiLink 智慧家庭生态战略的关键步骤，如图 2-2 所示。

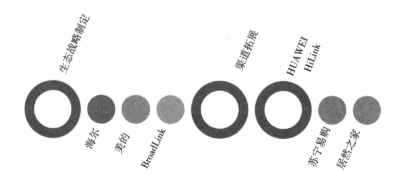

图 2-2　华为+合作伙伴

目前，华为手机已更新了多家华为手机用户体验馆，并推出了 IoT 全场景的用户体验样板。HiLink 还将面向整个生态全面的赋能合作伙伴，例如由华为联合遥控技术公司共同打造的遥控大师空调伴侣，这款商品将能够让传统的中央空调进一步变为智能化中央空调，并使中央空调支持更灵活的休眠模式。现实应用中，只需把普通的中央空调伴侣接入到插孔中，再把普通中央空调插座接入中央空调伴侣的插孔，可以使普通中央空调瞬间变得智慧。

四、HUAWEI HiLink 的全面提升

当前是 HiLink 智能家庭产品生态战略全面升级的重要时期。华为所要构建的全场景式智慧生活生态是一个完全开放式的生态化。面对着整体生态化，华为的 HiAI 智能终端与计算平台，将实现芯、端、云三个层面的信息技术开放性，并赋能于更国际化的合作。芯侧技术能力的进一步开放，重点表现在对多架构、多算子的支撑和强劲的计算技术，包括高速的整合部署技术能力。这将能够更有效地突破端侧功耗、运算能力等技术瓶颈，高效地推动端侧的 AI 规模技术应用蓬勃发展。在华为全场景化智能策略中，端侧的 HiAI 引擎将能够轻易地把各种 AI 力量和智能技术设备/App 融合，使终端设备/App 更加智能有力。

华为正确定义了 IoT 的生态化三基本要素：入口、连接和生态，并同步发布了一些数据，华为整个生态平台的入口连接数已达到了 2.6 亿个，连接 4000 万个家庭，接入 HUAWEI HiLink 生态合作伙伴更是高达 200 多家，如图 2-3 所示。

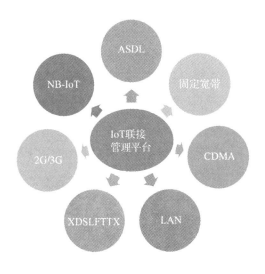

图 2-3　IoT 生态

未来，华为会将我国智能化 IoT 技术标准从理念进入实际，使中国 1/3 的 IoT 设备支持 HUAWEI HiLink 标准，从而形成我国最好的 IoT 生态技术标准。

五、总结与启示

第一，服务大众。华为的 HiLink 系统之所以能够成功，原因在于华为不做家电，也不和其他家电企业竞争，只是为了给用户创造好服务，目标就是用户更方便地得到好处，为华为的手机、个性笔记本电脑、平板计算机、手表等终端用户提供更多方便，同样也提高了用户对华为商品的黏性。华为作为商品的赋能者，绝不作为业务的掠取者。

第二，低成本互联。华为提供 IoT 的芯片和模组价格实惠。HiLink 能够支援各种连接方案，包含蓝牙、ZiGBee、电线（PLC）、RFID、Wi－Fi、NB－IoT、GPS，还有 2G、3G、4G、5G 等。目前产品已经涵盖了 100 多种家居生活品类，包括灯具、厨电、保洁、安防、卫浴、环保、空气净化器等多种类型，并保持着与家居生活品类的连接。

第三，快速智能化。华为的线上一站式、简单的研发模式，让家电的智能、自动化时间都可压缩在 1 年以内。深圳的方舟试验室，是中国最大的家电测试实验室，它能够实现对多个工厂的跨设备测试，给卖场带来智能家电的感受。

（资料来源：笔者根据多方资料整理而成）

第一节　物联网的"智慧生活"

物联网时代的到来，给人类的生活带来了巨大的改变。一时间，智能手机、智能手表、智能汽车、车互联网、智慧家庭、智慧建设、智慧园林以及智慧都市、智慧地球等犹如雨后春笋般涌现，为人们规划出了一个良好的发展前景。在物联网的世界里，每个用户都能够通过联网的方式改变生活、业务乃至整个生态圈。

一、"食"：物联网与食品安全

智慧养殖技术和智能农场的诞生，代表了在未来种植技术和养殖技术都会有一番升级，或许今后我们餐桌上的肉就是利用动物面部识别技术养殖的，粮食很有可能就是利用感应器和物联网技术种植的精准农业的产品。

对餐饮行业的改变可能更大一点。在京东 X 未来餐厅中，通过智能后厨、可视化管理、自主驾驶传菜机器人，以及标准化、智能化的中式用餐创新管理模式，让不少年轻人可以进店打卡体验。扫码点餐也为消费者提供了便利，无服务员的全新用餐模式不仅帮助了餐饮行业的老板节省人力成本，而且具有现代科技感的餐饮环境更能吸引年轻人前来体验。

在应用层面，如今智能可循环包装的新概念也已经开始问世，智能可循环包装将运用 IoT 技术与大数据分析，建立诸如无线射频识别（RFID）、近场通信（NFC）蓝牙和智能标签等，对食物实现连接和追溯，从而精准地了解食物的保质期等信息。商家不仅可以便于供货，而且便于食品药品监督管理局对食品安全问题的溯源跟踪。提升食品安全水平，如图 2-4 所示。

图 2-4 农产品的质量安全及管理追溯体系

当食物通过供应链，从农场到我们的餐桌，由于自然或人为原因而受到污染时，就会出现食品安全问题。为了缓解此类情况，物联网通过以下方式帮助改善食品安全：

（1）通过物联网监控的食品供应链，实现透明供应链。通过物联网监测整个食品供应商，保障安全性和合规性。因为这些监测系统减少了食品中所用成分来源的错误信息机会，使消费者可以轻松识别健康食品，也使食品生产商可以避免其他不必要的食品浪费。对批量食品采用追溯体系，或者采用智能包装使用基于传感器的识别系统，能够协助消费者追踪产品的来源。物联网技术和区块链结合应用，能够通过实现更高的可追溯性和透明化，进而提高食品质量。

（2）优化食品运输和储存，实现智能物流。使用物联网持续监控食品及其组成成分的储存和运输状况，有助于提高整体食品质量。监控对于需要冷藏的食

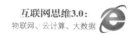

品如肉类储存和运输特别有利，温度跟踪传感器和自动温度控制系统可以确保易腐食品在加工和消费前保持最佳状态。

（3）自动化食品加工，最大限度地减少人类对食品加工和包装的干预，有助于减少食品污染。由于涉及人工处理的食品在制造过程中存在产生污染产品风险，最终可能导致消费者患病，因而使用物联网支持的食品制备和包装系统可确保最大限度的卫生，同时使过程快速高效，这也有利于食品制造商。

二、"衣"：可穿戴设备及虚拟试衣间

从服装行业的视角出发，先提及一款服装在零售方式中的神器——虚拟试衣间。我们在化完妆并做完发型以后，逛街试衣就会很不方便，不仅影响发型还会弄脏衣服，而有了虚拟试衣间以后，就不必担心因试衣服破坏了造型，更不必花费大量试衣时间。

虚拟试衣间的问世彻底解决了试衣麻烦的问题，智慧服装最终的开发目标也是基于生活便捷和安全舒适。首先要在材质上具备保护外壳和透气的功能，质感也更佳；其次就是搭载了多种精密感应器，能即时获取用户的心电图、体温、所在位置等重要数据，更关键的是感应器还可以通过无线技术把这些信息传输至云端，并通过一种专门开发的人工智能算法，来判断用户是否出现了反常的心率等状况，很好地保护了老年人和儿童的安全。

物联网专栏 2-1：

众志物联网：打造衣食住行的智能物联网

广州众志物联网科技有限公司（以下简称众志）是由我国国内最专业的技术专家组建，以 RFID 位置信息技术为核心内容，已积淀了 10 余年的无线定位科技，专门从事互联及相关软件产品销售与信息系统网络平台的深入研究、科技开发、制造、营销以及信息技术咨询服务，于 2016 年荣获"国家高新技术企业"的认证。众志致力于物联网产业中智能解决策略的研究开发，为顾客创造最合适的行业解决方案，为社会的进步奉献自己的力量，行业解决方案主要包括：NFC支付 CPU 卡系统的解决方案、打印机串口转以太网处理方案、ZigBee 智能点菜系统、有源 RFID 仓储管理系统等。

一、推出"无人零售"物联网智慧化应用解决方案

针对无人零售行业，怎样让传统的零售业背靠物联网科技，完成自动化、低

成本而高收益的逆转。

在阿里巴巴、京东等领军公司主导下，无人零售市场被推向了风口浪尖。但是，中国传统零售业怎样实现变革？很显然，单靠一个特定科技是无法颠覆一家百年产业的，于是众志牵手传统零售产业家族，于 2018 年 5 月设立子公司广州云海智慧无人科技有限公司，运用公司的 RFID 科技、智能门禁、显示控制系统、视频监测系统、防盗警报系统、紧急处理系统等多项科技，深入构建各种使用场合的无人零售业整合解决方案，开创了全新时代的多功能智慧零售业综合体，如图 2-5 所示。

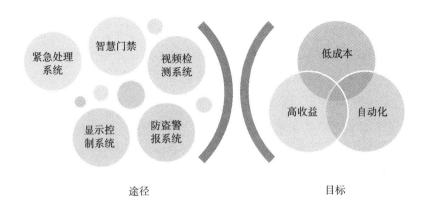

途径   目标

图 2-5   无人零售业整合解决方案

二、众志定位送餐系统，解决寻找顾客就座位置问题

随着人民生活水平的不断提高，快速型餐饮（快餐）与休闲紧密结合，快速与服务缺一不可，而快餐型餐厅先点餐后付费的模式，在提高点餐效率的同时出现不知道顾客的就餐位置，从而使上菜送餐人员头痛不已的问题。众志定位送餐系统的出现，为个人、企业、各餐饮连锁品牌排忧解难。该系统简单易用，具有以下几大优点：餐牌式定位，无缝结合各类顾客餐饮操作习惯；多样式选择，2S 定位，支持多人拼桌；支持个性化定制；多项专利设计；耐用性高，无忧质量保障；本地化服务，轻松与市面常见点餐软件无缝对接。系统包括定位餐牌（顾客用）、定位桌标（桌子电子标识）、定位基站（系统后台数据统筹）和信号中继器（便捷扩展信号范围），如图 2-6 所示。

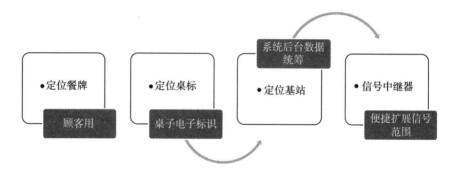

图 2-6　送餐系统

三、总结与启示

在物联网时代，整个行业都出现了巨大的变革，如何在变化之中寻求不变，从而抓住市场契机成为每个物联网企业的当务之急。显而易见，众志抓住了市场需求问题，敏锐地发现餐厅顾客就座位置很难寻找的问题，众志定位送餐系统应运而生。无人零售虽早已问世，但仍有待发展与完善，众志深抓痛点，大力研发，构建各种使用场合的无人零售业整合解决方案，开创了全新时代的多功能智慧零售业综合体。物联网企业应顺应时代潮流，积极敏锐寻找市场空缺点，抓住市场机遇，全面分析行业痛点，从而为行业提供优化解决方案。

（资料来源：笔者根据多方资料整理而成）

三、"住"："智慧"家居生活

随着物联网之风的越演越烈，让智慧家居网络公司借物联网东风，冲破工艺上的障碍，通过真正意义上的现代化将智能家居变成了领导时尚不可或缺的消费品。大批现代智能家居商品已经进入了千家万户，更多家庭正在享受现代智能家居所带来的生活便捷。

首先是在家居中的电子监视装置，可以连接到手机随时监视着家里的一举一动，在很多家庭中通过监视家里的清洁员，可以随时查看家里老人和孩子的生活状况。

其次是智能门禁，除了利用生物识别技术手段增强安全感，还要接入互联网让住户使用手机等电子设备远程操控，使外地旅客和老年孩子无须钥匙就可以进入。

最后是如今风靡的扫地机器人，用手机就可以一键开启，全面无死角地清洁房间，应该算是懒人福音。智能家居带给人们更加舒适、便捷的居家生活，并且会大大减少许多家庭由于家务问题而产生的矛盾，增加了家庭幸福指数。

物联网专栏 2-2：

和而泰：C-Life 演绎不一样的智慧生活

深圳和而泰智能控制股份有限公司（以下简称和而泰）坚持高档科技、高档生产、服务高端用户的企业经营定位方向，目前拥有人工智能控制机器人专业领域五百多名的研发技术人员，900 多项知识产权，近 400 项发明专利。企业的主导产品始终占据着世界中高端市场，年产智能控制机器人近亿套，16 家子公司遍布国内外，是伊莱克斯、惠而浦、西门子、B/S/H/、GE、松下、TTI 等世界知名跨国公司的主要生产经营发展核心及企业伙伴公司。和而泰被评定为 2018 年广东省战略性新兴产业智能制造应用领域骨干企业。

一、从智慧家庭到行业，C-Life 全面覆盖

和而泰对智能家居市场的产业布局已经由单场景做到了跨品类、跨企业、跨环境的联动，并真正做到了即时、在线、闭环的智能家居市场全场景。

C-Life 的智能家居全场景解决方案，已全面涵盖了玄关、厨房、客厅、卧室、卫浴产品、梳妆台、儿童房、老年房等家居全区域，并全面集成了智能安全、智慧家电、智能睡眠、智慧美容、智能保健、智能化照明、智能娱乐、智能化环境监测八大体系，提供多种类、多品牌产品的跨场景化服务，完成了通过多维数据分析的全方位智能转化。

例如，当住户回来时，门锁系统可利用人脸识别技术确定住户身份，并将数据信息上传至 C-Life 网络平台，网络平台根据住户以往的身体状况、生活习惯等个别数据分析和温湿度等生活环境数据分析，实现自教学、自编制，自主提出符合住户需求的服务项目，如将照明系统调节到住户最合适的亮度，用中央空调、加湿器等设备调节房间温度和湿度，与此同时，智能厨师系统也会按照住户的回家日期和就餐数量，根据个人的营养状况、睡眠情况、运动状态、季节、生活环境等因素，提出科学合理的膳食安排等。通过分析所收集的数据并经过 C-Life 云端上传后，也能够反哺于健身、膳食、健康睡眠等全情景，为其带来大数据支撑，从而完成了全情景的数据分析闭环服务，如图 2-7 所示。

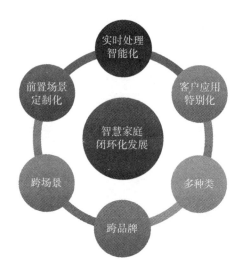

图 2-7　C-Life 智慧家庭全场景解决方案

二、C-Life 一站式平台赋能厂商智能升级

C-Life 一站式服务平台，是和而泰专门面向硬件厂商的智慧需求和大数据分析服务需要而打造的综合服务平台，可以助力厂家迅速地完成智慧转变并着力于大数据分析市场价值的发现与挖掘。它能够为客户提供从智能控制器、通信模组硬件接口、App/H5 生成到场景服务、大数据分析计算的全场景解决方案，以及从需求策划到大规模量产的全过程咨询服务，如图 2-8 所示。

在硬件连接方面，和而泰公司能够为厂家提出规范的串口数据协定，并能够兼容性市面上大多数通信方案，并且能够在各种数据协定、数据规范、统计采集、计算上进行规范配置，并提出了多品类标准的协定模板。在 App/H5 产品开发方面，和而泰公司可以提供完整的移动客户端产品开发服务，使用者能够自由挑选、灵活选择、一键生产，随时随地或远程实时控制的硬件生产。在现场业务领域方面，供应商既能够进行产品销售双方的现场联系，而且还能够加入 C-Life 系列的产品销售联合，以此进行跨种类、跨品牌生产的连接业务。

三、总结与启示

在大资料业务方面，和而泰能够进行用户分类、服务区域划分、机械设备使用状况、机械设备自查、机械设备故障问题报修等多维的资讯业务，一方面能够协助厂家在线上即时监测机械设备运行状况，提供产品售后保护咨询服务；另

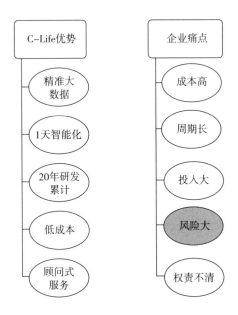

图 2-8　C-Life 一站式平台赋能厂商智能升级

一方面能够协助厂家更进一步地掌握用户实际使用机械设备的状况，以便进行客户服务与产品质量迭代升级，这对平台服务企业的发展提供了借鉴。平台服务型公司应围绕"数据、计算、业务"三个核心能力，促进产品向万物互联网的大趋势快速发展，联动业务上下游产品，共同谱写不一般的未来与美丽智能生活。

（资料来源：笔者根据多方资料整理而成）

四、"行"：无处不在的智能交通

就交通管理方面来说，智能道路信号灯、智能路灯杆、智能斑马线等为道路交通和城市提供更智能更安全的服务。以智能路灯为例，从前的城市道路灯具仅有灯具的基本功能，而智慧路灯也不再单纯只有照明设备，因为它们已经将拍照、抄表、安防、充电等基本功能都集中到了路灯杆上。随着物联网等新科技的不断进步，城市环境监测、视频监控、无线网络、消息发送、应急呼救、充电桩等都可以完全由道路灯具承担。

车联网信息技术日益发展，能够大大提高交通工作效率，减少拥堵。通过运用自主行驶车辆、融合车互联科技的车载终端平台，给车主带来了更加便利、安

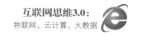

全的行车感受。车互联技术还通过和保险公司进行交互，通过"车联网+保险"，真正有效地降低了车主的出险事件发生概率。

对于个人而言，通过精准的联网定位地图 App 了解出行所需要的信息，帮助人们处理道路上的交通拥堵、救援等现实难题。让家人们能够顺畅出门，平安归家。

1. 智慧物流应用，AI+IoT 重新定义物流

现代智慧物流系统是指一个以信息为主要基础，通过对货物的装卸、仓储、打包、装卸搬运、交易处理、加工物流配送、信息服务等各个环节进行系统认知、全面研究、及时处理和自主调控的功能，以实现物流管理规整智能、发现智能、创造智能和系统智能化的现代综合型运输体系。智慧物流可以大大降低制造商、物流服务等各个产业的生产成本，实打实地增加了公司的整体收益。此外，生产者、批发商、零售业三者可以利用智慧物流技术相互协作，信息资源的共享，物流企业便能更节省成本。

在中国传统的工业运输领域，无人的全智能化物流体系发展得最早，由于产品种类简单，产品包装规范，因此无人化物流体系在药品、卷烟、快消品、信息通信产品等应用领域的市场发展规模较大。

在传统的港口应用领域，智能无人港口也是发展迅速的应用领域之一。无人港口码头上空无一人却繁忙秩序，大量的货物集装箱被稳稳抓起、平移、下放，无人驾驶汽车来回往返于海运，这样的场景在青岛、厦门、上海等早已变成了现实。

伴随物联网的发展，无人机物流运输服务配送系统也已经上线，在陕西、云南、江苏、贵州、海南、广东等地展开了常态化物流服务配送工作。

当前，物流领域物联网信息认知和收集的技术手段和商品已全部广泛应用。货物盘点、物流分拣、快件物流配送和收件等应用领域的手持终端均已得以应用，手持终端设施也呈现出与手机的融入和小型化等方向发展趋势。

此外，在 AI+IoT 技术的支持下，整个物流体系中的装备、信息技术基础设施与物流管理、空间、时间时序等都产生了巨大改变，信息流、数据流、物流结构在 AI+IoT 驱使下也产生了巨大变化，构成了经济与社会可持续发展的智能型信息技术基础设施支撑力量，在 AI+IoT 基础上重建的"互联网+"物流配送服务网络将成为社会全新的经济可持续发展信息技术基础设施，大数据技术与 AI 驱动的物流配送系统结合产生了高效运营，将全面解构我国社会物流配送行业

布局。

2. 智慧交通应用

物联网技术和交通运输的融合主要表现在人、车、路之间的紧密结合上，使交通运输环境得到提升，交通安全得到保障，公共资源效率在一定程度上也得到提升。智能交通系统以图像辨识信息技术为核心内容，综合运用射频传输信息技术、标签等技术手段，对行车违章、行车路径、车牌信息内容、车道的占用率、行车速度等数据实现了自动收集与数据信息传输，相关的信息系统则会对所收集到的数据信息进行汇总分析，并运用辨识能力和控制技术进行大数据分析处理，对普通车辆牌号信息内容以及其他中高档车辆进行迅速辨识、快速处理，为高速公路事故的检测提供了详细数据分析，如图 2-9 所示。

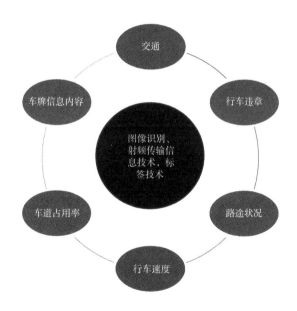

图 2-9　智慧交通系统

综上所述，物联网已广泛应用于我们衣食住行的各个领域，但又远不止于此。

第二节　物联网知多少

究竟什么是物联网呢？继 2009 年美国提出"智慧地球"后，中国又提出构建"感知中国"，"物联网"几乎一夜之间就火了起来，成为当时最热门的词汇之一。无论是在我们日常生活中，还是在高科技前沿领域，物联网与云计算、大数据、区块链、人工智能、5G 网络等概念已经成为最吸引眼球的大众话题。

"物联网"有两个意思：首先，物联网的核心和基础依然是互联网，是在互联网基础上的进一步延展和扩大的网络平台；其次，其用户端拓展和扩大到了所有物体和物品之中，进行消息交换和信息沟通。所以，物联网的基本定义便是运用射频识别高新技术、红外线传感器、定时测距导航卫星全球定位系统、激光扫描仪等信息技术传感装置，按规定的信息技术协定，将各种物质和互联网之相连接，通过消息交换和信息沟通，并达到对物质的智能辨识、位置、追踪、监测和管控的一个网络系统。

一、物联网概念溯源与发展简史

可追溯的最早的物联网要算 1990 年由施乐有限公司所发售的网络可乐式贩售机械——Networking Coke Machine。这台机器能否检测出机里的可乐是不是有货，以及水温够不够低，并且能够联网的贩卖机，算是开启物联网的先例了。

到目前为止，国际上关于物联网尚未形成一个放之四海而皆准的公认概念。为了更好地界定物联网概念，我们对不同机构、不同学者、不同企业有关物联网的概念进行整理，归纳如表 2-1 所示。

表 2-1　物联网概念一览表

年份	提出者	简要定义
1999	麻省理工学院自动标识中心（MIT Auto-ID Center）	物联网即物品之间的网络，它可以将各种东西通过 RFID 设备、感应器和信号等传感装置连接起来，并进行智能识别和控制

年份	提出者	简要定义
2005	国际电信联盟（ITU）	通过将射频识别装置、无线电传感器、定时测距和导航卫星全球定位系统、激光扫描仪等各种设备与互联网整合形成一个全新的巨大互联网，进而实现把所有的全球网络、数字通信网、广电网及各种接口网络与专业互联网连接起来，并实现智能识别和管理
2008	欧洲智能系统集成技术平台（EPoSS）	物联网是由带有标识、虚拟个性等的物件或对象所构成的互联网，这种标志和个性等信息可以通过智慧的连接与用户、社区和环境实现交流
2009	欧洲物联网研究项目组（CERP-IoT）	采用国际标准的和可互操作的通信协定，且具备自分配力量的动态的国际互联网基础设施
2009	IBM	将感应器嵌入并装备在电网、铁道、大桥、隧道、高速公路、基础建筑、供水、大坝、石油管线等多个系统，并相互连接而成
2010	国务院发展研究中心	物联网就是可以将物体的身份标识、自身特性、生存状况等全部生命信号，实现生物智能管理与反馈监控的信息网络
2012	国际电信联盟（ITU）	信息技术社会世界基础设施（通过物理和虚拟化技术手段）将与一个当前和不断发生的、信息互操作和通信技术的物质世界相互连接，并提供最先进的服务器
2017	华为	物联网技术成功完成了虚拟世界与物理世界相互的融入，也是面对终端用户的传感器产品互联网与由物联网技术驱动的面对数据信息的应用领域相互之间的重大连接。物联网在基础架构上表现为地理分布式，利用多个感应器给人类的生活带来了无处不在的互联

根据上述对物联网概念的汇总，不难发现，物联网概念已经出现了根本性的转变，最初的物联网概念被形容为将物品利用射频识别等信号传感装置与网络连接起来，从而实现了智能识别与控制，其核心概念是物与物之间深度且广泛的大数据互联。

随着现代科学技术发展与应用的进展，物联网的概念发展为利用各类信号传感器和执行装置，按规定的协议，将各种物品和网络相连，以完成交换与联络，并提供智能辨识、自动定位、跟踪、监视与管理的一个网络。

总而言之，物联网的最终效应就是万物交互，不仅是人机和信息技术的互动，而且还是更深层次的生物功能识别读取等。

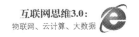
物联网专栏 2-3:

四维图新：赋能智能汽车行业未来

2018 年"新·致远"北京市四维图新用户会议上，四维图新旗下北京四维智联科技有限公司（以下简称四维智联）官方宣布将着力于乘用车车联网的解决方案，并引进腾讯基金、蔚来资本、尚城资本等成为 A 轮战略投资人。北京四维图新科技股份有限公司（以下简称四维图新）创建于 2002 年，是一个总部设在北京市的高新技术公司。经历了 10 余年的创业发展，该公司已经形成在汽车导航地图服务、导航软件、动态城市交通信息、位置大数据分析，乃至客车与商业车定制化车互联解决战略领域的领导者。如今，四维图新以全方位的科技发展策略迎合了自主驾车时代的到来，致力于以高精度地图、高精度定位、云服务平台及应用于 ADAS 与车辆自主行驶的车规级芯片为核心服务产品，打造出"智慧车辆大脑"，成为国内市场乃至全世界更值得信任的汽车自主驾车解决战略供应商。

一、从地图厂家转型到"智能汽车大脑"

根据智能网联汽车行业、手动驾车技术和车互联等行业发展，四维图新把自己的先天优势——大数据分析与计算两大核心技术能力都发展到了极致。四维图新发布了新的策略布局——导航、车联网、自动驾驶和智能座舱组成的四大核心服务，而最新的智能芯片服务，作为底层的硬件，与四大核心服务紧紧地衔接了起来，以实现企业智慧行车时代的全新升级进化。

二、成立四维智联：拥抱智能网联新时代

在车辆互联服务中，涵盖了汽车动态交通服务、乘用车互联服务、商用车互联服务等方面。从云平台到操作系统，再到地图、到汽车导航、手车互联、内容业务、云端大数据分析等一套系统整体解决，包括语音、统一账户体系还有腾讯的支付系统。四维智联的汽车互联产品，重点体现在"智"和"联"上。

"智"——人车交互的数据化、智能化和平台化。智能汽车的用户将成为企业研发、生产、制造、营销等全业务链的驱动者，日常用车过程中所产生的数据都将通过 AI 人工智能自动化处理，推动产品迭代、品牌塑造。与此同时，智能汽车与用户的数据交互，构建起与用户共生的全新企业生态，每一位用户都与智能汽车共同成长，并分享成长中共同创造的专属价值。

"联"——联系外部的东西。四维智联利用自身的最新产品——手机、车载

通信设备，互联 WeLink 打开了身边所有事情的"钥匙"，如图 2-10 所示。

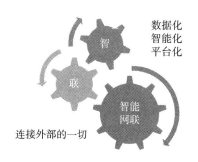

数据化
智能化
平台化

智

联

智能
网联

连接外部的一切

图 2-10　四联智能模式

过去数年，四维图新持续深耕于汽车行业互联网，目前已经建立了在管理系统、引导系统软件、手机车联、汽车互联网平台、汽车行业互联大数据分析等领域交叉融合的一套汽车行业互联网解决方案。如今，脱胎于四维图新型科技的四维智联将以崭新的思考方法，以"让汽车智能化变得更容易"为理念，为使用者带来"共商""共建""共享"的车联网整体解决方案。

三、总结与启示

即时建立对真实世界的三维复原，将物理学现实世界电子化，是四维图新在近 20 年间不断致力发展的方向。通过对物理真实世界的人、车、道路、环境、建筑物、设备等进行精确刻画，以及与 IoT 的动态连接，四维图新已逐步发展形成了一市级的数字孪生感知基座，从企业角度对城市智能网络系统的运营情况增加了数字监控、评估等功能。四维图新还通过抽取出的各种信息资源和各类要素，为智能城市更多的服务场景赋能，并通过深入整合城市各行各业的服务信息，将智能网络服务的科技成果辐射至智能城市各领域应用，以解决其痛点问题。四维图新不仅构建现实世界三维复原的能力赋能智能网联应用领域，而且建立了城市级业务解决方案群，在我国各个大城市的通信、交警、治安、住建、资源、金融服务、环保等众多应用场景中累积了丰富的项目管理经验。

（资料来源：笔者根据多方资料整理而成）

二、物联网的内涵

通过对物联网概念界定，我们不难发现物联网要想真正实现万物互联，就必

须要对物品的信息进行采集、传递和处理，而这些都是为了更好地感知物品，进而实现智能对话。

1. 物联网的特征

物联网具有三大特征：全面感知、安全传输和智能处理，具体如表 2-2 所示。

表 2-2　物联网的特征

特征	具体内容
全面感知	全方位认知物联网与运用射频识别信息技术（RFID）、二维码、GPS、摄像机、感应器、传感器网络技术等认知、捕捉、检测的手段，随时随地对物品进行信息采集和获取
安全运输	可靠传输利用了各种通信网络与互联网技术的融合，使所有物品（Things）都接入了信息网络，可以随时随地实现可靠的信息交换与资源共享
智能处理	智能管理运用了云计算技术、模型辨识等各类智能计算高新技术，对海量的跨区域、跨产业、跨政府部门的信息和各种数据实行分类管理，以增强人们对自然物理空间、社会经济中各类社会活动和变化规律的洞察力，从而实现高智能的决策与管理

2. 物联网的概念

当前或最新的物联网概念，指的是利用无处不在的末端装置和基础设施，包含具有"内部智慧"的感应器、移动终端用户、工业生产控制系统、楼控系统、家居智慧基础设施、监测体系等，以及"外在赋能"的，如贴上 RFID 的各种资产、携带无线终端的个人与车辆等"智能化物件或动物"或"智慧尘埃"，利用各种无线或有线的中长途或短距离通信网络连接物联网域名实现企业互联互通、应用大集成，以及基于云计算的 SaaS 营运等模型，在内网、专网或互联网环境下，采取适当的信息机制，提供可控乃至实时在线监测、定位追溯、联动、调度指挥、预案管理、远程控制、防范、远程维保、在线升级、统计与分析报表、决策支持、领导桌面等控制与管理模块，以实现对"万物"的"效率、节约、健康、环境保护"的"管、控、营"一体化。

三、物联网产业链

物联网产业链主要有信息流、技术架构和参与主体三种分类视角，具体内容如表 2-3 所示。

表 2-3 物联网产业链分类

分类视角	具体内容	种类
信息流	信息采集、数据传输、数据处理	3
技术架构	技术结构感知基础、互联网信息技术层、平台基础和互联网技术应用层	4
参与主体	参与的主体核心传感设备供应商［晶片、无线模组（含天线）、感应器等］、网络营运者（含 SIM 卡商）、网络平台提供者、控制系统与使用软件开发商、智慧硬件制造商、信息系统整合与使用服务商	6

物联网专栏 2-4：

海康威视：物联世界，沟通你我

2018 央视财经与法律讲坛暨全国上市公司高峰论坛发布了"2018CCTV 中国十佳上市公司榜单"，海康威视继 2016 年入选榜单之后，已经连续三年蝉联了这个称号。海康威视凭借在业务经营、公司管理、公司回报及企业社会责任等方面的优异表现，获得社会各界的广泛认可。海康威视具备视音频编解码、视频图像处理、音视频信息存储等先进科技，以及云计算技术、大数据分析、洞察科技等前瞻科技，并面向公共安全、交通管理、司法、文教卫、电力和智能楼宇管理等多个行业，提供专门的细分产品、IVM 智能可视化管控解决方案和大信息化服务产品。海康威视依托于视讯科技技术，将服务范围拓展至智慧家庭、产业智慧生活服务和车辆电子商务等产业，为企业发展开辟了全新的空间。

一、IoT 存储助推企业物联网化

物联网、AI、大数据的兴起，为许多行业带来了新的发展方向和技术支撑。利用物联网技术生产、获取海量的大数据储存在云端平台，然后利用大数据分析，甚至更高形式的人工智能技术，给人们的生产生活带来更良好的服务。如此海量的数据和分析压力，2.0 时代的互联网存储已无法满足人们的需求。智能大数据时代，从传统存储 2.0 时代进化到 3.0 物联网的存储时代显然是大趋势。IoT 存储依托于互联网的网络数据传输高效性，并且具有智能特性支持，因而能够为大数据分析提供有力支持，给用户带来了更人性、更快捷、更安全的储存方案，如图 2-11 所示。

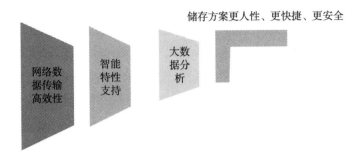

图 2-11　IoT 存储助推企业物联网化

通过对我国传统产业科技的深入积淀，包括海康威视多样传感器的成功应用和云计算技术、大数据分析、人工智能等新信息技术推动下，海康威视率先明确提出了"物联网储存"理念，同时重磅推出基于网络数据传输安全性并兼具智慧特色支撑的新型储存产品，海康存储将致力于开发并推广 AI+IoT，以帮助我国中小企业智慧物联网化。

二、携手产业富联布局产业 AI

随着智能设计和机械视觉的深入融入，海康威视和富士康的再次联合，将各方所掌握的各种领域"机器视觉、移动机器人"与"智能制造"技术进行了深度结合，各方还将联合推动智能工厂示范基地建设，共同打造产业互联网生态系统，以提高各方产业基地的智能生产技术水平。除了汽车制造外，在城市物联等应用领域中也有想象空间，如智能城市、智能医药、智能运输等，如图 2-12 所示。

图 2-12　城市物联应用领域

近年来，海康威视在创新层面持续增加投资，企业经营平稳上升，新业务也迅速发展壮大。在安防智能升级发展趋势下，行业的核心竞争力将逐渐转化为核心技术架构和解决方案的落地实力。同时，由于新一代人工智能科技的蓬勃发展，通过计算机技术对视讯图像的加工处理技能，将大大提高视讯信息监控的应用效果及大数据价值的传播效率，摄像机采集图像的功能将不再受限于安全防范目的。深耕 AI+安全解决方案领域，"云边结合"将符合未来产业科技的发展趋势走向。

三、总结与启示

海康威视不仅在传统安全领域的规模优势突出，而且在新兴领域，企业积极布置了产业摄像机、物流仓库管理等新方向，也将能够受益产业 4.0 时代的到来。在未来，海康威视还将以视频科技为核心，形成技术创新动力，不断推动新技术产业发展，并面向公共安全、交通运输、司法、文教卫、能源、金融服务和智慧建筑等产业，倾力构建 AI 资源的可调配、大数据的按需聚合、情景化的运用及一体的运营业务等，赋能各产业的智能变革。而通过这次携手工业富联，海康威视将能够在今后的发展中，更加巩固其产业 AI 龙头的战略地位。我们也可以通过海康威视看到，企业发展不仅需要敏锐地察觉时代变化，更要看到物联网发展在当今社会中的重要性及其在未来深远的发展前景和驱动力。

（资料来源：笔者根据多方资料整理而成）

第三节　物联网商业模式

在物联网企业市场竞争日趋激烈的今天，物联网企业必须随着企业内部和外部条件的不断变化而动态调整，通过设计合理的商业模式，整合资源，提高经济效益，获取持续的竞争能力。

一、物联网商业模式的核心理念：信息价值

要想达到物联网的万亿元级产值，企业首先要有一个成熟且合理的商业模式，而企业商业模式的实质基础便是公司的价值创新逻辑。Moody 和 Walsh（1999）提出了 7 条信息法则，解释了与其他资产相比的信息特征，具体如表 2-4 所示。

表 2-4　**Moody 和 Walsh 的信息法则**

信息法则	具体内容
法则 1	信息可以无限共享，其价值不会因共享而有所损失
法则 2	信息的价值随着使用次数的增加而增加。如果无人使用，信息就没有任何价值

续表

信息法则	具体内容
法则 3	信息具有易逝性，会随着时间贬值
法则 4	信息的价值随着准确性而增加
法则 5	不同信息的整合能够提高信息的价值
法则 6	信息未必越多越好
法则 7	信息不会消耗

由于信息具有上述的七条法则，信息的价值可谓不言自明。此外，实体产品的交换是沿着价值链传递的，且通常以消费者为结束点。而在物联网中，信息的交换则超过这个范围，包括各个不同的参与者、物联网中的信息提供者及它们之间的信息流如图 2-13 所示。

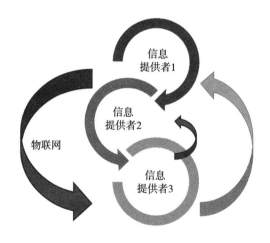

图 2-13　物联网的信息提供者和信息流

我们不难看出，一方面，信息流实现直接传递，从物到物，从企业到消费者，从消费者再到物；另一方面，信息流也可以间接传递，如信息通过信息提供者从物传递给企业，或信息通过物从一个企业传递给另一个企业，其他信息则由企业和消费者提供。可以说，物物之间的对话已经开始，更多的信息能得以有效传递和交换，为相关企业创造了更多的价值，也再次体现了物联网的商业价值。

二、物联网商业模式的依托：物联网产业链

物联网产业已确定为我国的战略性新兴产业，但物联网产业本身还是比较宽泛。我们认为，物联网产业链可以划分为标识、感知、数据处理和信息传输四大环节，各个环节的核心分别为 RFID 技术、传感器、智慧芯片，以及电信运营商的无线数据传输网络。从纵向分析，物联网产业链是自上而下自发产生的，依次包括了三个层面，即感知层、传输层和应用层，如图 2-14 所示。

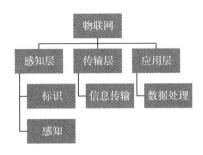

图 2-14 物联网产业链的纵向结构

三、物联网的主体

虽然人们早已知道物联网产业链体系主要是由应用层、感知层、传输层三个重要环节所组成，但是因为整个物联网产业链体系中所包含的重要环节仍然相对较多，彼此关系又较为密切，所以为方便人们进一步地认识物联网产业链体系，人们也可把整个物联网产业链体系分类为芯片商、传感器等应用系统生产商、互联网设备提供商、互联网运营商、网络系统集成商、技术应用和系统软件生产开发商、信息技术服务提供商和目标用户八个主体。

（1）芯片生产商和 RFID 厂商。芯片与 RFID 设备制造商一直占据着物联网价值链上的中心地位，在行业发展初期，市场上较为重视的是 RFID，除此以外，还涉及二维码、电子标签、阅读器及一些互联网基础设施等。

（2）传感器生产商和系统设备供应商。传感器生产商和系统设备供应商实质上是芯片和 RFID 设备供应商的外延，其设备产品主要用于数据采集，代表产品有电子标签、读写器、智能卡等。

（3）电信运营商与网络提供商。电信运营商与网络提供商承载着各种数据的传输与对接，目前以固网、移动通信网、广电网及互联网为主。三网融合和3G布局为数据资源的共享与有效使用，创造了极为便捷的前提条件。

（4）平台提供商与系统集成商。平台提供商，主要是指物联网等信息平台的提供商，负责对传递来的数据在平台上进行分析与处理。系统集成商主要负责系统集成的整套解决方案，目前系统集成化主要有两种，即设备系统整合与应用系统一体化集成。

（5）内容提供商与应用服务提供商。有了传感芯片和外部设备后，物联网还只是一堆没有生命的机器，内容提供商的出现，使物联网变得有血有肉。应用服务提供商则主要面向用户提供设备鉴权、收费等业务服务，并进行相关业务的管理与监控。

物联网专栏 2-5：

美格智能：世界领先的物联网客户端和无线数据方案设计提供商

美格智能技术股份有限公司（以下简称美格智能）创建于 2007 年，公司总部设在深圳，取得了国家高新技术企业认定和深圳高新科技企业认定。美格智能的核心主营业务范围是以新一代信息和中距无线传输技术为基础的物联网智能终端、无线通信功能模块（M2M）和智慧硬件产品的开发制造与销售，以及精密模型开发和精密组装制造等业务。2021 年，美格智能作为无线通信模块领域的领军企业，荣获"物联网行业最佳成功应用案例奖"。

一、世界首屈一指的物联网终端用户及无线传输数字方案设计供应商

目前美格智能拥有 NB-IoT 功能模块、LTE 4G 数字传送功能模块、LTE 4G 人工智能模组、物联网产品解决策略、Open CPU 解决对策、4G 功能模块+Wi-Fi 无线网络+有线局域网产品解决策略、智慧客户端等软件产品。

美格智能针对物联网领域用户的各种要求，研发了 LGA 封装、M.2 封装、LCC 封装、Mini PCIe 封装等各种封装类型的 LTE 4G 数据传模组产品，便于各个领域用户的开发转接与应用。覆盖了国内外的三个运营商业务网点，并同时向下兼容 2G 和 3G 网络系统，即便在边远地区也能够实现通信。支援射频 MIMO 与接收分集等技术，以改善通信品质与优化传输的速率，同时支援各种网络协议（TCP/HTTP/FTP）并且相容多种操作系统。4G LED 已经在移动宽带、工业路由、汽车和物流、无线支付、绿色电力、智慧电表、智慧工业、医院监管、车载

DVR、个人监控、行业平板、充电桩、视频监测等领域大量商用。

二、利用 MeiG Link 云平台，迅速构建物联网产品销售应用方案

利用 MeiG Link 云平台，美格智能为所有的跨平台物联网应用、产业解决方案，以及智慧硬件产品实现了简单的云端接入、存储、分析与管控，从而迅速构建物联网产品销售应用方案。不但为小客户提供低成本的应用方案，也支持大客户做平台的业务深度定制，如图 2-15 所示。

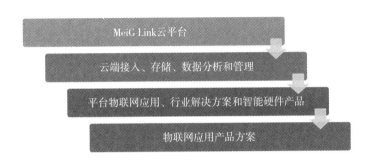

图 2-15　MeiG Link 云平台快速构建物联网产品应用方案

（1）全面的模组、终端和 SDK 支撑。美格智能有整套的硬件模组和整机产品系列，同时针对行业用户提供系统级深度定制服务。

（2）数据采集和分发。通过 MQTT、HTTP、FTP 等多种通讯协议来适配各类设备的数据采集和分发。

（3）业务管理。提供定制业务服务，快速满足不同业务需求。借助平台的技术积累，让客户快速实现产品化。

（4）数据挖掘。提供高扩展的数据库、即时大数据挖掘、智能预估、离线统计分析、信息处理，以及多层次的行业运作服务。

（5）技术支持。处于开发中的开发者社群，聚集了不同的硬件、系统和后台知识资源，并汇聚了大批的物联网和智慧硬件专家及爱好者，让技术交流更加快速和便捷。

三、总结与启示

美格智能新一代定位仪，融入了智能 AI 的硬件设计理念，对设备状态信息和应用行为数据做到了可开放化和可编程化，使用者能够按照自身的应用情景快速制定行业的具体应用业务，并采用行业大数据分析智能计算，为终端用户提供

了专业、智能化的极致体验。通过融入 DMR、TETRA、MPT 等窄带专网技术，以及 4G/3G/2G、WLAN 等宽带技术，提供从端到端的语音、数据分析、视讯等全业务融合处理对策服务，为业务客户实现语音调度指挥、多媒体集群、大数据分析信息互动、协同作业等多项服务功能，可在各种场合下完成各种网络协同工作，并进行统一管理与调配。美格智能一直深耕于互联网智能化模组的研究和定制化发展，同时覆盖数传模组，并以通信模组为核心优势，不断扩充产品矩阵及定制化开发技术，包括 FWA 终端和新零售智能终端及物联网技术开发服务等。

（资料来源：笔者根据多方资料整理而成）

四、物联网企业商业模式"5+1"模型

如今，物联网正处在"井喷式"发展与当年的一夜之间"大爆发"的互联网又何其相似。所以，企业要想实现物联网的万亿元级经济产值，首先要有一个成熟且合理的经营模式，而企业盈利模式的实质基础便是公司的价值创新逻辑。

尽管各个公司的运营模式都不尽相同，但为了给还在因为物联网发展而晕头转向，或者已经迷失方向的公司指出一条明路，笔者对物联网公司的运营管理模式进行了研究，并探索出影响物联网公司成功与否的六个要素，即产业布局、盈利模式、资源整合、资本运作、组织变革与价值创造。而这六大要素之间形成了一个彼此联系、相互作用和相互影响的整体。这就是物联网企业商业模式创新的"5+1"模型，如图 2-16 所示。

图 2-16　商业模式创新的"5+1"模型

（1）产业布局。对物联网企业来说首先应明确自己处于产业的哪个地位上，其次依据自身的环境和资源制定符合企业自身发展的战略规划。物联网企业若想在市场中成功避免自身劣势及环境带来的压力，就应该重视战略的作用，认真地对企业进行物联网领域的布局，只有正确的产业布局才能使企业具有区别于其他企业的竞争力。

（2）盈利模式。良好的盈利模式不但可以为公司创造巨大利润，同时也可以为公司编制一个稳定共赢的价值网络。因而物联网企业必须依据自身的特征来选择合适的盈利模式。此外，物联网产业链比较宽泛，虽然每个企业的盈利模式并不相同，但是物联网企业的盈利必须要协同合作，共生共融，获得最大的利益。

（3）资源整合。资源整合能力是企业战略调整的手段，也是企业组织能力的表现，整合就是要实现资源的优化配置，就是要在有限的资源中实现企业的最大价值。

（4）资本运作。资本运作亦称为资本运营，是公司利用资本市场，以小博大、以无生有的经营诀窍和手法，通过购买子公司和资金而赚钱的经营活动。资本运作是物联网企业前行的保障，因此选择一种适合自身企业的运作方式能够使物联网企业在物联网产业下获得更好更快的发展。

（5）组织变革。对公司而言，组织能力就是指进行组织工作的能力，是指企业在与竞争者投入相等资源的情形下，具有以更高的产出效率或更高标准，把各种要素投资转换为商品或者服务的能力。物联网企业应该持续不断地完善组织结构、构建良好的企业文化、形成拥有企业自身特色的管理模式或管理亮点，不断提高企业自身的组织能力，这样才可以使企业自身的竞争力得到提升，并在物联网这个巨大的市场中站稳脚跟。

（6）价值创造。企业有效利用公司自己的内部资金和充分利用国外资金的最终目的，归根结底是价值创造。商业模式中的产品选择与策略定位、盈利模式、资本运作、资源整合能力和组织能力这五个方面都是为了创造价值。而且，物联网公司的主要目的或最终目标是为了价值创造，不仅是公司自身的价值，而且是对顾客价值与社会价值的创造。

五、物联网八大类企业商业模式

目前，学术界和业内人士之间关于物联网商业模式的研讨，还处于相当早期

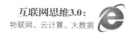
的阶段。基于运营模式的参与各方间的主次从属关系和服务价值提供方主体的差异，我们把目前及未来可能出现的物联网运营模式分成如下八大类别，如图 2-17 所示。

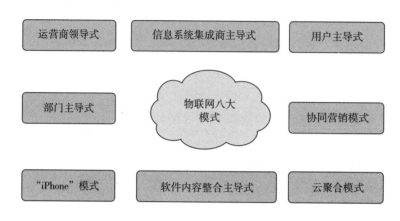

图 2-17　物联网企业八大类商业模式

（1）运营商领导式。在这个业务模式中，以电信运营商占领导地位，而无论是服务的研发、推出，还是网络平台的构建和维护等，都以运营方为主力。其中可以逐步划分为以下三种业务模式：运营方直接提出的网络连接业务模式、运营方合作推广模式，以及运营方自主研发推出的业务模式。

（2）信息系统集成商主导式。即信息系统集成商通过租用运营方的网络平台，采用总体方案设计与连带管道统一直接向终端用户进行业务；从运营方的视角出发，则是运营方通过信息系统集成商间的接地，向顾客进行网络业务。这也是目前运用较多的业务模式。

（3）软硬件网络整体集成商主导类（"iPhone"模式）。在该种模式中，技术实力强劲的软硬件网络整体集成商，通过将自己硬件网络设计或软件开发应用领域的资源优势融合，如建立综合应用软件开发平台、与运营方和软件系统开发商协作等措施，构成一种综合应用个体主导生态，从中发现或者开创出新的盈利点，推动整体物联网行业的蓬勃发展。

（4）软件内容整合主导式。该类业务模式不仅要求集成商和运营方开发相关的系统软件和应用平台，而且还要求大批的应用开发人员包括广告商的加入。

此外，其整个系统的基础单位是应用软件的集成商，以硬件厂商为主体的合作伙伴形式，集成商也在广告宣传上占有了更大的资源和更大的主导权，因此广告宣传效益也比较集中。

（5）部门主导式。这种运营模式下通常由公共服务部门提供公用网络平台、客户租赁和采购网络平台及其相应的软硬件产品，并承担相应通信服务费。此种运营模式就是物联网民生化应用的最直观表现，能够贯穿物联网蓬勃发展的所有阶段，而部门也在当中起了重要的作用，其对信息技术、金融市场的掌控也十分关键；而且在蓬勃发展初期，当地政府的资金更是不可或缺的。

（6）用户主导式。在这种管理模式下，用户完全负担了整体物联网平台的所有花费以及整套服务的建设。在此类业务模式中，用户是唯一的核心，其他系统个体则起着辅助作用，一般而言此类业务中用户比较强势。

（7）协同营销模式。所谓协同型的模式，是指通过产业链中两个或两个以上的主要参加者交流和协作，由基础设施提供者、运营方、信息系统集成商、应用软件开发商等从各方的共同利益出发形成一个行业联盟，在各方平等互利的前提条件下开发和推进物联网服务。

（8）云聚合模式。云聚合是指构建在云计算平台上，以用户服务为重点，通过现有的经营平台和服务技术，面向目标用户，利用内外部网络资源，形成消费者、企业与其他社会成员联合创新发展的互联网商业模式。

第四节　拥抱物联网，拥抱未来

连接性的基本概念已经超出了笔记本电脑、智能手机和移动电子设备等。当人们观察到它已经渗入了城市、住房、市场、农业、车辆、可穿戴设备、机器制造等领域时，连接性概念正使其中的每一项功能都显得越来越智能。这种互联生活的全部功劳得益于革命性的新科技——物联网 IoT 技术。它已经重新界定了人们经营服务的方法，连接了人们与之互动的各种设备，以获取最有价值的大数据资源、最具有洞察力的行业资讯，都将利用物联网迅速发展的能力。

一、物联网：一个新的时代已悄然来临

全产业数字化变革中，IoT 扮演着重要角色，通过技术下的海量连接，大大

提高了整个社会资源运行的效率，便利了人类的日常生活。可以预见，IoT 技术将在诸多应用领域加快渗透，而整个 IoT 市场也将迅速启动。IoT 技术将渗透到人类日常生活的方方面面，并大规模地深入各行各业，将衍生出包括智慧家庭、智慧教学、智慧医院、可穿戴设备、车联网等的各种场景。

IoT 已然成为整个产业数字化发展的推动力，世界各地的企业、政府部门、机构和组织都在积极支持和发展这种仍处于蓬勃发展中的信息技术，通过遍及各地的传感器，广泛获取和解析信息并广泛应用，从而有效地支持行业的高速发展。由于近年来移动设施的飞速发展，及其周边网络平台与业务领域的持续拓展，IoT 市场空间也急剧拓展。

二、物联网下的"智慧"应用

物联网应用普遍覆盖国民经济快速蓬勃发展和百姓生活的方方面面，所以，"物联网"被认为是继计算机、互联网之后，世界信息产业的第三次浪潮。互联网信息时代，物联网已无处不在。据《2018 中国物联网产业前景研究报告》可知，中国物联网产业主要的 10 个领域为物流、交通运输、安防、能源环保、医疗、建筑、制造、家居、零售和农业。

1. 智慧物流

智慧物流，指的是以物联网、大数据分析、人工智能等前沿科技为基础，在商品的搬运、仓储、搬运、物流配送管理等各个环节，实现系统感知、全面分析与管控等功能。

2. 智慧交通

智慧交通是物联网的一个主要表现形态，运用计算机技术把人、车和路密切融合，提升交通环境、维护交通安全和提升公共资源效率。物联网技术的具体应用主要涉及智慧公交、共享式单车、车互联、充电桩检测、智慧红绿灯和智慧停车系统等领域。其中，车互联也是近年来各大厂商和网络公司竞相进军的新领域。

3. 智能安防

安全是物联网的重要应用市场，因为安全永远都是人类生存和发展的一项基础要求。传统安全对人的依赖性相当大，并且十分浪费人力资源，而现代智慧安全已经可以利用设备进行智能判断。目前，智能安防最核心的部分就是智慧安防管理系统，该系统主要是对抓拍的图片进行传输和保存，并对其数据分析和管

理。智能安防极大地提高了安全保障，降低了成本，得到了广泛应用，如图
2-18 所示。

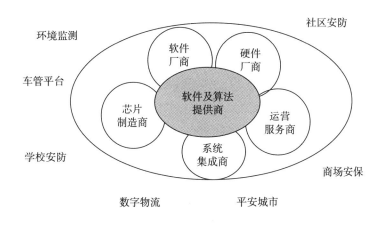

图 2-18　智能安防系统

4. 智慧医疗

在智慧医疗领域，新技术的运用往往需要以人为中心。而物联网技术则是大
数据收集的重要渠道，可以高效地协助医院完成对人的智能管控，以及对物的智
能管控。对人的智能管理一般指的是利用感应器，对人的生理状况（如心跳频
率、体力消耗、血压水平等）实施监控，也一般指的是利用医学可穿戴装置技
术，把所收集的数据录入到个人电子健康档案中，以便于个人管理及医学信息
查询。

5. 智慧能源环保

智慧能源环保属于现代智能城市的一个方面，其物联网应用重点聚焦于水，
电力，煤气、路灯等电源和井盖、垃圾箱等环卫设施。

6. 智慧建筑

当前的智慧建筑重点是在节能方面，通过设备实现环境感知、数据传输以及
进行远程监测等，不仅有利于节省能耗，而且有利于降低建设人员的运维。通过
研究，我们认识到目前智慧建筑重点表现在用电照明、消防监控、智能电梯、建
筑物检测和应用在建筑工程中的白蚁检测。

7. 智能制造

智能制造细分概念覆盖范围非常广泛，涵盖多个产业。智能生产主要是指通

过在机器设备上安装适当的电子感应器，使设备制造商能够在远程随时对机器设备实施监测、升级和保养等作业，更好地掌握产品的实际应用情况，实现对产品整个生命周期的信息采集，从而引导生产产品和服务；在工厂的环境应用方面，主要是收集湿度、烟感等环境信号。

8. 智能家居

智能家居指的是通过不同的生活方式和设施，来改善人类的生存能力，让家居变得更加舒适、安全和有效。物联网广泛应用在智能家居中，可以对家具类产品的定位、状况、变化趋势进行监控，研究其变化特性，并针对用户的需求，在相应的程序上做出回应。

9. 智慧零售

智慧零售由于将原有的销售机和便利店设备进行数字化提升、转化，因而形成了无人零售业发展模式。利用大数据挖掘充分运用商场内的人流与活动资源，给用户带来最好的服务，为商户带来更高的运营效益。

10. 智慧农业

智慧农业，指的是运用物联网、人工智能、大数据分析等现代技术将农产品生产进行深度融合，进行对农作物生产全过程的信息感知、精细化管理以及智慧管控的一种崭新的生产农产品方式，可以完成农产品可视化检测、远程管理和灾情警示等功能。

在这十大产业中，利用物联网信息技术最主要目的是获取大数据，利用如云计算技术、边缘设计和人工智能等科学技术进行管理，以协助人类更好地做出决定。物联网是个相当庞大的行业，涵盖了方方面面，对于新的技术变革与产业革命，物联网也蕴藏着极大的发展潜力，对于物联网行业的未来发展前景，我们将拭目以待。

物联网专栏 2-6：

思创医惠："标签+应用"打造物联网智能

思创医惠科技股份有限公司（以下简称思创医惠）是国际领先的智能化医药和商务智能整体解决方案提供商，是一所集研发、制造、金融服务于一身的国家火炬计划重点高新技术企业。思创医惠以"互联物联改善生命"的宗旨，创造性地将互联网与物联网两大信息技术，在终端用户、服务网络、平台等不同维度加以结合，积极促进我国传统医药、保健、金融服务等领域快速发展。2019

年 3 月，思创医惠"国美无人零售智慧小店"项目荣获 2018"物联之星"中国 RFID 产业全年最有深远影响成功运用奖，这是思创医惠连续三年赢得该奖项，也是业界对思创医惠在物联网应用领域成绩的认可。

一、以 RFID 科技拥抱世界

思创医惠在智能零售业应用领域有着数年的业务经历，一直致力于将物联网信息技术在零售业中的运用落地，尤其是在时装全供应商范畴，利用 RFID 科技打通了时装产业从厂房端到商场端的全供应链体系，从而实现了供应商的数字化、透明化。同时，思创医惠将与品牌商家联合建设智能商场，进一步拓展对物联网技术的深入运用，实现自动收银、试衣间智能一体化管理等，在提高顾客满意度的同时收集精准高效的用户数据，协助品牌商家更好地经营。

思创医惠 RFID 全供应链解决项目管理组已深耕业界数年，为拉夏贝尔、笕尚、UR 等企业提出了设计保障方案。智能服装店铺经营管理系统是指通过"业务+产品+数据分析"的经营模式，利用融合 EAS、RFID、Wi-Fi、视频识别等数据分析收集技能及数字多媒体信息技术，获得关于消费者服务和产品的信息，并通过人工智能平台为消费者提出消费意见，形成会员信息库，为经营者提供合理的经营数据，从而提高经营效益，如图 2-19 所示。

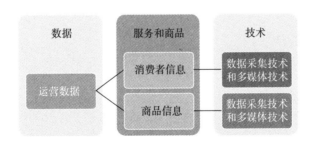

图 2-19　智慧服装门店系统

二、利用物联网共性开放平台，打造"无边界医院"

未来的医院物联网体系建设应该以"使用"为主要导向，而不应以"科技"为核心内容。基础网络凭条、中间件技术开发和共性平台建设，将成为未来医院物联网应用发展的重要基石。此外，四网一体的物联网基础框架及共性平台建设是由思创医惠在国内首创的物联网平台建设项目。它综合了物联网应用的共性特征，是对信息感知、传输、服务等的共性功能模块、协定和网络平台等的统称。未来，医生们可以利用医疗物联网的开放共性平台建设"无边界医院"，从而更好地为患者服务，如图2-20所示。

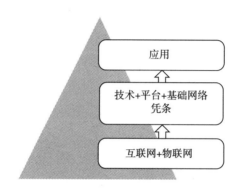

图2-20　物联网技术共性开放平台

思创医惠强调"互联网+物联网"科技的核心能力，利用知识统计、智能开放平台、大数据分析、云计算技术、人工智能、物联网、移动互联、精准医学、生物智能识别等先进科技，通过持续的科技融合与技术创新，切实丰富了医药、保健、医疗、商务等应用终端的产品与生活形态，共同创造了健康轻松的生活。

三、总结与启示

思创医惠以所采用的数据中心决策支撑平台、医疗大数据仓库和相应的工具软件为基础，经过对数据分析成果的综合筛选，通过简单直观、直达桌面的方法，为医生们提供了一种完全多用途的智能数据分析平台环境。多网一体的物联网基础架构平台的核心技术则为物联网 AP 和 AC，利用当中的物联网 AP 和RFID 读取器功能，就能够完成数据双频四通道的传输与接入。物联网 AP 既能够接收 RFID 标记回来的信号，又能够接收支撑 Wi-Fi 的手机客户端返回信号，从而完成了前端体验的整合物联网共性开放平台是以"数据"为中心，实现医院所有的物联网感知数据在平台上的统一采集、处理、存储与分发，从而实现全院物联网数据的交互与共享。

（资料来源：笔者根据多方资料整理而成）

三、物联网带来的改变

世界物联网博览会曾多次在其年度报告中提到中国物联网发展技术与发展趋势都较为迅猛。事实上，我国物联网体系自进入实质性发展阶段起，市场规模便已突破万亿元大关，增长率同样保持在较高水平，在整体体系构成中，物联网云平台作为竞争的核心板块，占据了相对较大的份额与市场构成。在未来，云平台与物联网体系也将进一步完善，我们的生活同样将进一步受到智能化科技的影响，向着便利与舒适而不断发展。

1. 无处不在的物联网将彻底改变生活

物联网已经无处不在，它将触及和改变人类生活的方方面面。智能社区、智能家居、智能商业等，都是利用了物联网科技打造了不同的使用场景：每个人在上班时，就已经让家中的电饭煲开始做饭；当人们驾车来到小区刷门禁时，电梯就已经在一楼等着你；当人们在屋内感到寒冷的时候，中央空调就会自动开启，使你感觉变得很舒服；当人们远离家门的时候，煤气就会自行关掉；等等。物联网给我们生活带来的便利远不止这些，物联网下的生活让我们兴奋并期待，它将给我们的生活带来革新式的改变。

2. 物联网让我们的世界变得更美好

全世界每年有超过 300 万人死于空气污染。为改善这些情况，世界各地的城市都在其设施中整合了物联网传感器和装置，用以监测空气质量，并运用这种数据提供新的城市交通服务，从而有效减少交通和相关的空气污染。

通过物联网科技来节约城市用水。在巴塞罗那，出现了一个物联网的智能浇灌系统，这种管理系统利用设置在城市内各个园区的地下水探头来监测土壤温湿度。远程监控装置的数据信息上传到云端，能够手动开启电子闸门，仅在必要时或是天气适宜时为风景区洒水。如此一来，大大减少了用水量。

通过物联网的智慧城市交通解决方案将极大地改善城市道路，智慧红绿灯系统可按照各道路的车辆数量多少自行完成红绿灯的转换，进而有效降低了路面交通拥堵和汽车尾气污染。随着自主驾驶科技的不断完善，未来，自主驾驶车辆也将彻底改变城市交通方式。

物联网给全球健康问题提供了有效的解决办法。未来，城市的安保体系也将越来越统一，通过利用物联网技术进行对各类设备监控的大数据物联网管理，让城市越来越安全。我们将看到下一个物联网时代的来临。

【章末案例】

云米: "AI+5G+IoT" 重新定义家的未来

在 2021 年 4 月 14 日的云米 "AI: Helpful" 战略发布会上,云米宣布成立了以 AI 领域博士为核心的研发团队,积极推进融合 "5G+AI+IoT" 发展。在研究报告中,一次发布 60 多款全屋智能包括 21Face 互联网冰箱、AI 油烟机、AI 美肤洗电热水器、AI 健康检测马桶、AI 变频空调等。2022 年 3 月 17 日,云米网络科技在线上召开了 2022 春季战略产品发布会。在发布会现场,云米网络科技创始人、CEO 陈小平重申云米网络科技潮牌的品牌定位将更加高端化,提出了完整提升 "一站式全屋智慧" 的方案 "1=N44",云米在用物联网的方法改造传统家电的路上越走越远。

一、公司介绍

佛山市云米家用电器科技发展公司(以下简称云米公司),是中国一个年轻的高新科技公司,专注于用互联网的方式改变中国常规家用电器,是中国全屋型互联家用电器的开拓者。云米公司认为,未来的家庭,必须是全互联的家庭。这将告别原有传统家电功能简单的孤岛型用户体验,创造一个 IoT 和 AI 科技的互联电器新物种,家电产品将能够在多种场景下实现交互,创造一个全屋式智能交互的家居生活新体验。云米突破时代与区域的局限,打造了 "F2C" 新零售方式,将线下体验与线上零售深度整合,加上现代物流系统,辅以大数据、云计算等创新技术,为用户提供优质产品和服务。将传统线下服务和线上零售深度融合,再加入现代物流配送体系,辅以大数据分析、云计算等新科技,为消费者创造了优质产品与服务。云米公司以优秀的研发队伍,出色的研发能力,以及突破创新的工艺,带来了惊艳全球的产品,以个性化的消费者服务和全新的营销方式,为全球家庭提供智能便利的家居生活环境,以技术的进步带动了家居文化消费提升和行业改革,并再次界定了中国家居的未来。

二、云米 AI 芯片 "让家比你更懂你"

云米公司推出了世界上第一台 AI 油烟机 AirBot,其设计从航空引擎的空气动力学中获得启发,创造了油烟机新设计语言。最关键的是,它实现了 AI 科技在油烟机范畴的商业应用,运用了 AI 图像识别科技,对油烟进行了动态跟踪,并进行智能化的 "风随烟动" 的智能管理,以避免人们忘记关火。

颠覆型技术创新产品的背后,是云米公司对 AI 科技的深入专研。不只 AI 油烟机 AirBot，云米公司在现场公布了一个 AI 的仿生芯片"悟空"。这颗晶片将专注于家庭物联网领域，从图像、语言两个方面实现智慧赋能。在 AI 科技的支撑下，终端计算能力将获得极大提高，甚至家电具备自主学习的能力，可自行辨别消费者习惯，主动响应消费者要求，如图 2-21 所示。

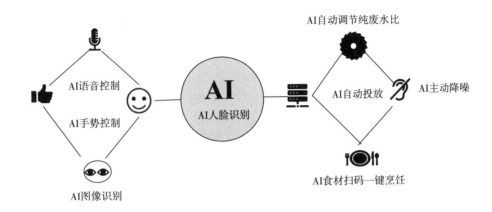

图 2-21　AI 技术升级

AI 是智能家居的必然发展趋势，云米公司凭借 AI 油烟机和 AI 芯片，率先进行了商品化落地实施，成功引领智慧家庭进入了全智能时代。

三、云米公司成立 5G 研究试验室，世界首台 5G 冰箱惊喜曝光

AI 技术的广泛运用，使家用电器具备"智慧中枢"能力，家用电器间能够更从容交互，从而形成了全屋的互联家电。更好更快的互联、随时随地的信息交互，都离不开先进互联网技术的支持。因此，5G 应运而生，其高移动化、高可靠性、弹性、高安全性等优点，为全屋的互联网家电场景提供了互联网基础设施。

云米公司宣布将组建家用物联网领域的第一个 5G 应用研究室，探讨 5G 技术与家用物联网之间的应用。另外，云米公司还曝光了世界上第一款 5G 互联网电冰箱 21Face。在 5G 互联网的帮助下，云米公司承担了这款电冰箱"家居控制中心、信息枢纽、娱乐中心"的重要角色，使用者借助这款电冰箱，就能够快速地管理全屋家用电器、流畅微信视频聊天、观看电视节目、抖音录像和收集海量菜谱等。

5G 更重大的应用意义在于它能够接入用户密度更大的基础设施，这也正好

满足了云米公司"全屋互联网家电"的市场定位和服务形态布局。5G将给我国家庭物联网市场的蓬勃发展带来全新的强大力量，并促使万物互联时代早日到来。

四、云米公司开放平台打造"人—车—家"智能互联生活

万物互联网不仅是将家用电器相互连接，更是从屋内向屋外延展，将人、车、家等都一同接到家居物联网应用中，将智慧地触及日常生活的方方面面。但所有互联网节点都急需一种开放式协作的平台，下面将对云米公司宣布的三大开放合作战略进行介绍，如图2-22所示。

图2-22 云米公司开放平台打造"人—车—家"智能互联生活

第一，开放环境。云米公司和小鹏汽车签约合作，共建智能生活和智慧社会样板。云米公司创始人陈小平展示了未来智能生活的情景：当你刚离开家门时，楼下的小鹏电动汽车就已经在启动并预热；当你驾驶小鹏汽车到达离家还有3000米的区域时，车载控制系统将自动提示并发送命令给云米智能音箱的V，以便指导家中的电冰箱、中央空调、净水器等电子设备开始正常运转；而当你驾车走进居民小区时，电梯系统会即时感知并提早在车库层等着你；小区内的空气质量、水、物流情况等数据，会即时传递到你的家电显示器上。

第二，开放品牌。陈小平指出，未来将有更多互联网品牌进驻云米体验管理中心，以建立消费者的智慧生活升级站。这种开放式的服务渠道将给用户带来跨平台、跨领域产品的智能生活方式。

第三，开放使用与内容。云米生活将加强与本土生鲜品牌间的生态链接，以

云米电器作为本土日常生活业务的场景门户，满足用冰箱就能选购新鲜蔬果、用云米小 V 就能预订租赁车等智能互联情景。

云米公司凭借"AI+5G+IoT"的三大布局，成为首家将 2025 趋势产品化的企业，引领全球家庭物联网迈入 2.0 时代。云米公司致力于用互联网的方式重塑中国传统家用电器行业，开创全屋互联网家用电器，告别了中国传统家用电器功能简单的孤岛型用户体验，提供一个 IoT 和 AI 科技的家用电器全新物种，家电设备在多个场景下进行连接，共同打造了全屋智慧互联网的崭新体验。

五、结论与启示

第一，数智化 IoT 场景普及化。国内的家电市场正朝着沉浸场景、内容承载、数字改造、潮品潮店的新业态转变，家电行业在物联网驱动下也获得了前所未有的发展动力。云米科技等行业先行者的成功，将助推家电行业向高端化、智能化方向发展。

第二，渠道深耕实现品牌升级。云米非典型增长或许与云米迅速的品类扩张与线下渠道策略有关。云米品牌不仅覆盖了云米线上商城在售的大小家电、智能硬件等商品，也覆盖了互联网家电生态链公司中涉及的家电品类。云米通过 SKU 管理补全了"全屋智能家电"产品链，并与其线下门店无缝衔接，协同线上线下两个渠道，有效地占据了市场份额。

第三，云米"物联网+AI"家电商业模式。一个好的商业模式必须在产品市场和资本市场都能够取得成功。云米洞察到物联网即将带来的行业新机会，围绕"未来之家是互联网之家"的战略主题，以家电、家庭全屋覆盖为重点，撬开物联网的大门，通过人与物、物与物之间的数据交互，提升生产效率、降低制造成本、共创新价值。

||第三章|

云计算：无所不在，无所不能

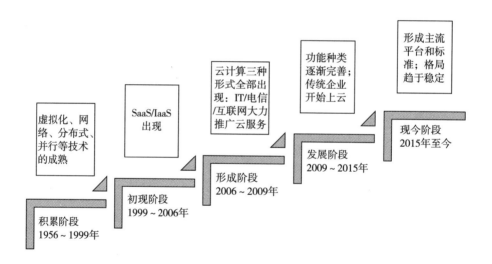

【开篇小语】互联网自1960年开始兴起，当时主要用于军方、大型企业等单位内部的纯文字电子邮件及新闻集群组工作。直到1990年才开始真正走进一般家庭，由于 Web 互联网和电子商务的蓬勃发展，互联网也已开始变成人们生活的必需品。云计算这项理念，最早于2006年8月的世界搜索引擎会议上明确提出，形成了互联网的第三次革命。近几年来，云计算也日益成为信息技术行业发展的战略重点，世界各地的信息技术公司也都在纷纷地向云计算技术方向转变。

082

过去在电力时代，不管是在家庭还是在企业，大家都有一种概念是"插上电"。插上电以后，就产生了电力化的革命；现在我们讲"接入云"，我认为接入云以后，会带动互联网数字化的提升。工业时代看"用电量"，数字经济更看重"用云量"。所以数字经济发展的关键指标就是云端化程度。

——马化腾

【开章案例】

天翼云：打造云计算"国家队"

在 2021 国际数字科技展暨天翼智能生态博览会天翼云系列论坛上，天翼云公司提出并介绍了崭新升级的天翼云 4.0 分布式云，并且公布了以红色为主导色调的天翼云新形象。随着天翼云全面更新到了天翼云 4.0，最终做到了一云多态性、一云多芯、一云网、统一架构、统一调度、统一运维的运营模式。同时，产业和科技在社会管理、服务、生态环境、宏观经济调控等产品上的全面升级，也带动中国天翼云计算力、存储、互联网的全方位升级。除此之外，"5G+云+AI"技术构建了一个万物互联的世界，为我国经济社会进步发展提供了新的模式、新的产业。"5G+云+AI"形成了相关的网络系统、计算能力以及相关的智能应用，将无处不在的信息应用传递到了物理世界，并通过 2B、2C、2H 等应用场景，真正将物理世界与数字世界有机地融入在一起，给行业发展提供了许多颠覆性、创新性的机遇。

一、公司概况

中国电信股份有限公司云计算分公司（下面简称"天翼云"）是中国电信旗下直属专业公司，集市场营销、运营服务、生产技术开发于一体，坐落在北京市最靠近云的香山脚下，胸怀亚太，放眼全球，致力于成为亚太领军的云计算技术基本服务提供商。2016 年，天翼云率先提出了"2+31+X"资源池战略布局。天翼云主要为个人用户服务云服务器、云存储、云端备份管理、桌面云、专享云、混合云、CDN、大数据分析等全线产品，同样也为政府、医疗、教育、金融等行业打造出定制化云解决方案。并且天翼云还为"互联网+"在各产业项目落地实施，以及"大众创业、万众创新"带来了扎实可信的业务支撑。

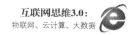

二、发布天翼云计算战略

云计算技术不仅是我国战略性新兴产业的组成部分，也将被认为是继传统电脑、网络之后的又一场信息行业变革。目前，中国移动、中国联通、中国电信这三家运营商均已抓紧推进云计算建设，中国移动的云计算平台"大云"从2009年底开始启动；中国联通则已制定了长期的发展战略，在对外经营方面重点建设直接面对客户的网络平台，为新型经营转型打好了基础，同时也提升了企业内部的支撑能效，如图3-1所示。

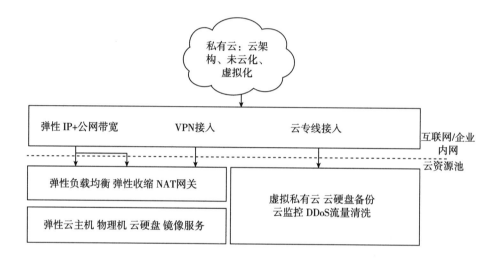

图3-1　天翼云主机三种典型应用场景

天翼云3.0产品以"云网融合、安全性可信、专享定制"的三个重要优势，迎合了政务、教育、医疗等行业。此外，天翼云还拥有以7项基础产品（云服务器、云存储、负载均衡、块数据储存、云数据库、CDN、桌面云）的高分成绩获得了国家"可信云"认定，并连续4年荣膺政务云、教育云、医疗云、工业云大奖，以及含金量最高的"可信云金牌运维专项评估"。

中国电信将在三个方面贯彻云计算策略。首先，中国电信将统一建立覆盖全国的云计算数据中心。"十二五"时期我国具有供应数百万台高性能虚拟主机的能力。其次，中国电信云主机与云存储业务均已试商用，并将启动运作，计划首期供应2万台高性能的虚拟主机、2×107GB存储容量，并可按照用户要求随时更新。最后，中国电信将在研发上进行重大突破，利用已成立的北京神州通信云计算技术研发中心，着重在异构云平台、互联网云负载、移动云应用、云信息安全、云宽带产品销售等领域开展技术创新。

三、天翼云异军突起

目前，天翼云业务开始逐步扩大为我国电信行业的企业战略型基础服务。2011 年中国电信推出了天翼云企业策略产品和品牌，但当时还停留在做云业务的硬件和软件业务发展阶段；近年来，天翼云一直低调发展，虽然不擅长包装自我，但在迅速发展壮大的过程中异军突起，以下总结了在天翼云发展中所表现出来的五大转变。

转变一：市场份额实现了突破。在这几年的时间里，天翼云取得了飞跃性进展。从美国 IDC 发布的 IaaS 行业公司数量报告资料来看，天翼云位列行业第三位，仅次于阿里云和腾讯云。在整体业绩领域上也远超同类企业，天翼云的头部销售同比增长也超过了 100%。虽然作为中国的运营商能在云应用领域取得这个成绩实属难得，但毕竟国外的一些运营商纷纷撤出了这个领域。

转变二：一省一池，遍布全国。中国电信就 2019 年第二批总部直接管理项目工程招标公告显示，这 2 个超大区域的云资源池将坐落在内蒙古和贵州，总体规划建筑面积将分别为 2000 亩，规划的总体设备容量将超过 200 万台服务器，将能够提供全系列的云产品服务，为天翼云的客户提供云的基础设施产品服务和方案。同样，为满足对非正规公司客户属地化云资源部署的需求，中国电信采取了就近战略部署，在国内 31 个省份实现了资源合理布局，目前完成了 75 个省云资源池。

转变三：从分开到完全融合，形成了差异性的服务。近年来，天翼云在做云端的实战中证明所面临的最大痛点就是与云端的连接。正所谓上云端就必须要互联网，但随着更多的中小企业客户用上云端，中小企业的 IT 建设也开始往云端拓展，有分布式网络部署的中小企业即有混合云结构，又有多云结构，所以怎样将不同结构的 IT 基础架构建设连接到一起，又怎样进行互联成为一个很重要的问题。中国电信在云网融合领域方面有三个核心的发展理念，即是网随云动、入云方便、云间畅达。

转变四：由标准业务到端到端业务，专属定制。中国电信天翼云的业务背靠着中国电信强有力的互联网品牌与业务实力。不仅能够实现属地的标准服务，还提出星级的专属业务，从咨询到移动、从整合到业务一条龙的方案。同时，中国电信也是一家专门服务于政企客户服务的大公司，并长期经营 2B 的业务。在政企服务领域方面，掌握了极其雄厚的技术服务和保障能力。中国电信现已组建了全球专享的 VIP 专业技术服务团队、遍布全国的专属客户经理、客户服务专业技术销售人员。同时中国电信已在云计算技术上掌握了独一无二的科技资源优势。

转变五：由基本安全系统变成了 5S 体系，更健康可信。远离了信息安全，人们也都对云敬而远之。所以，天翼云始终把信息安全当作一个追求目标，从产品、管理、责任与担当上都体现着对用户安全的保障，如图 3-2 所示。

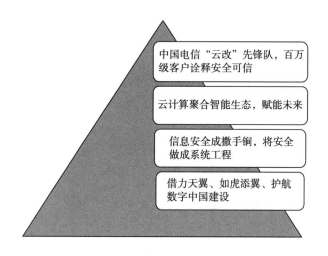

图 3-2　天翼云安全生态论坛

四、云计算领域的"国家队"

天翼云服务现已上升为中国电信的战略型基础服务。对中国电信而言，一旦失去了云服务，就等于失去了网，也就失去了整个公司庞大的政企专线业务，所以中国电信实施了三化转型。天翼云服务是承载三化转型的重要平台和关键功能，中国电信可以借助天翼云，向上实现业务的云化，从而云承百业，聚数生智；向下实现网络软化，网随云动，云网融合。同样地，中国电信也在努力推动大数据中国的构建工作。在数字经济发展洪流下，云+网+IDC 已经具备了日益强大的服务功能，并相信在不久的将来会成为我国建设大数据国家最核心的基础设施，以下将从几个方面对中国电信所具备的优势进行简要分析。

从网络上来看，中国电信已经建立了全国最大的光纤网络，并且在南方 21 个省市的行政村光纤覆盖面也非常高，具有多条国际海缆资源和跨境陆缆。在

IDC 的网络资源方面，中国电信拥有国内最大规模的 IDC 网络资源布局，在业内是领先的 IDC 运营商。在政府和民生服务方面，中国电信已与全国 31 个省份、236 个城市开展了建设智能城市的战略合作，也与 24 个省份的经济和信息化委员会开展了企业上云协作，共同助力全国百万中小企业上云。在政务云市场方面，中国电信积极推进了各级政务云的建立，形成了 11 个国家级的政务云网络平台，以及 100 多个地市级政务云网络平台。另外，由中国电信推出的天翼云全国行，走遍全国的行动，对云的普及也起到了积极的影响。

五、总结与启示

随着全社会的数字化转型，云计算的渗透率大幅提升，市场规模持续扩张，我国云计算产业呈现稳健发展的良好态势。云计算将加快资源整合与优化，针对人们多样化的需求，有以下两点建议供参考。

第一，在各种资源池内进行适当的资源支撑，并以此节省成本。

第二，提升各种资源的使用率，从而推动经济社会重组，促进经济技术科学化快速发展。

（资料来源：笔者根据不同的资料编辑得到）

第一节　享受"云端"的快乐生活

云计算技术不但是一种工具、一门科学技术，而且是一个数字经济时代的新范式，它将对各个业态展开全新赋能，并利用云计算技术等新兴科技创建全新的游戏规则，实现"换道超车"。举一个很简单的例子，当对智慧音箱说："请打开电视。"音箱就会马上响应，并启动了电视机。当智慧音箱和更多家电进行了智慧连接之后，就会建立金融服务于智能家居、智慧饭店、智慧健康等的新生态。而当中的关键便是云计算平台与物联网。可以简单理解，云计算技术便是大数据的处理平台。云计算技术并不神奇，它一直在我们身边。天猫"双十一"时期，智慧海报设计机器人"鹿班"为 20 万商家提供近 600 万张照片；而12306 也把网页访问量最高的查阅业务分担到了阿里云上，查询能力最高即可到达每秒 40 亿个汉字。而对于周围满眼郁郁葱葱的蔬菜种植大棚，云计算技术也能够依据农产品的种植情况实时调整水肥剂量，既节省了自然资源，又提升了农业栽培效益。

一、生活娱乐无极限

每一项新兴科技的应用都会让人们的日常生活变得越来越便利，特别是在这个"云"的时代，云计算技术在生活中的运用更加普遍，人们或许在某一天会忽然发觉，越来越多的生活习惯已经被悄悄地改写了。

作为全球规模最大的云计算技术供应商，《2018～2019 年中国 CDN 市场发展报告》显示，阿里云已在全球范围内建有 1500 多个 CDN 节点，总宽带存储超120T。在 2018 年世界杯期间，阿里云为优酷、CNTV、CCTV5 等提供了技术保证，并共同承担了全网 70%的世界杯流量。阿里云始终致力于以在线服务的新技术，打造安全、可信的计算技术和数据处理能力，让计算和人工智能变成普惠技术。目前，阿里云已在全球 19 个国家和地区开辟了 52 个应用区域，为全球数十亿个人用户带来了安全可靠的计算能力支撑。另外，阿里云还为全球各地客户全面部署了 200 多家飞天数据中心，采用了底层统一的飞天技术，为顾客带来了全球上独特的混合云感受。

二、发展与生态齐头并进，坚持可持续

技术创新是把"双刃剑"，如何使用云计算这把"双刃剑"成了世界关注的焦点。我国正在进入云计算的信息时代，而这种技术创新将给信息社会创造更大效益。云计算将在许多方面深入影响人们的日常生活。它有助于减少商业成本，帮助企业实现大规模效应，从而保护环境，同时还可以作为一个催化剂在现代城市建设中起到关键作用。

ET 大脑是由阿里云开发的超级智能，运用突破性科技，处理了经济社会与商业发展环境中的棘手问题。利用多维认知、全局洞察、即时决策、持续改进，在复杂局面下迅速作出最佳选择。同时把分散的技术资源融合为一个有机的整体，完成了由单点智能到全局智能的突破。利用 ET 环境大脑，可以辅助地方政府部门、社会公益组织等完成对生态环境问题的综合决策和智能监督，并对外开放。目前客户利用 ET 环境大脑，已经在江苏完成了对水、大气、土地等环境污染源的智能感知。

以城市垃圾管理为例，ET 环境大脑已在全国试点区域实现了对城市固体废物生产、转移、利用和处置的全过程监测工作，在减数字化、来源化、无害化、社会诚信指数、企业经营发展指数等方面，形成了我国城市企业发展的综合评估

体系。

ET 环境大脑可通过自主学习找到它们的函数关联，为每一种要素客观赋权，任何人为的篡改会受到 ET 环境大脑的警告。对于废弃物的运输过程，环境大脑也会进行监视，并对非正常线路、高风险性驾驶等行为进行警告和辨认。一旦发现了恶性的环境事故，ET 环境大脑就可给出灾情扩散模型、环保风险来源智能跟踪模式、智慧紧急避难线路等，以提升环保紧急指挥效率。除此之外，雾霾等气象问题也变成了 ET 环境大脑要面临的难点。目前，ET 环境大脑可以对雾霾进行智能预测，为雾霾趋势研究和应用提供技术支撑。

ET 大脑整合了世界上各种自然界资讯，从而得以搭建出一座高度信息数字化的地球，并通过数据分析全球植被绿化变迁、天然灾害检测、极端气候警报等。ET 环境大脑背后是阿里云飞天的超强运算能力和丰富的人工智能计算。它还有助于发掘卫星图像背后环境秘密，并有助于将温度、风速、压力、相对湿度、雨量、太阳辐射等环境信息进行穿插剖析。海量的环境公共信息也让 ET 环境大脑拥有了全世界视角，分离详细场景，它还能够辅佐政府执法。马云曾经说："如果地球生病了，没有人会健康。"面临着环境污染，这个世界具有的强大的手段便是计算机技术，即云的能力。

三、云计算为你开启未来之梦

云计算技术在电商行业里，最大的优点就是可以帮助公司减少经营成本，即使是中小企业也能够通过很便宜的价钱掌握大公司的核心技术。同时，云计算技术能够帮助银行和创业者达到集约化的目标，方便获取和管理数据，也能够为创业带来便捷和机遇。

特效相机"Faceu"自启动以来，仅用了 3 天时间就一跃成为中国 App Store 的免费总榜第 1 名。并连续 1 周位于总榜第 1 名。短短 7 天，Faceu 就有 1000 多万的新增用户。它的创建团队都是 90 后，当初没钱没背景，在深圳市宝安区的出租屋里工作，凭借对海贼王的热情和一股冲劲，运用云计算技术节约 IT 的成本，逐步发展起来。特效相机"Faceu"的主要功能如图 3-3 所示。

团队的第一个产品 Faceu，每月从阿里云买 73 元的云服务器，如此低的成本，却保障了其所有的官网登录。创业早期，购买或选择云服务器的首要考虑因素就是成本大小与维修的难易。Faceu 的大火，为官方网站提供了巨大的访问量。严格来说，Faceu 的官网是一个静态网站，根本不会做任何的搜索引擎优化（SEO）。

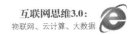

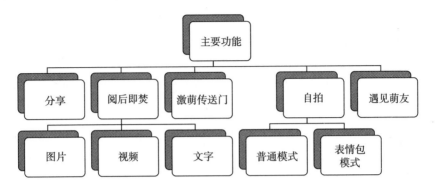

图 3-3　特效相机 "Faceu" 主要功能

在大火以前，基本没什么人浏览，但在大火之后，网站后台的浏览量翻了上千倍。

随着 Faceu 的运作成功，云计算的作用逐步体现。一支技术人员不到 10 人的创新队伍，无法支持一个千万级用户的生产后台，一切都自己去做，最终结果一定会累死。因此 Faceu 选择借助云计算技术的力量，做一项有后台的服务工作。扩容、监测和容灾这种普通的需求，阿里云都能够帮助处理，技术团队只要求关注业务逻辑。

在产品上线的第一天，日添加用户数均呈现了指数级别上升，因此必须尽快利用阿里云后台，快速扩充云服务器 ECS，扩容数据库 RDS，以保证业务的稳定性、可靠性。阿里云的产品已经进行过对淘宝天猫、支付宝等行业场景的试验，所以能够更理解应用领域的痛点。

以上所述的三个例子是云计算技术的精彩应用。可以说，云已渗透人们日常生活的方方面面。世界杯直播、公益环保事业、个人微信头像，这些都是应用在我们身边的云。云计算的应用可谓无处不在，只是有时候我们都毫无察觉而已。其实在国内云计算应用领域中，除了阿里巴巴、腾讯、百度、华为等巨头外，云计算应用在中国也早已"遍地开花"。

云计算专栏 3-1：

光环新网：IDC 与云计算服务的双轮驱动

北京光环新网科技股份公司（以下简称光环新网）创建于 1999 年，是国内最专业的资料中心和云计算技术服务提供者。公司的主营行业涉及网络数据中心经营（IDC 及其附加值咨询服务）、个人云运算咨询服务、网络宽带接入服务（ISP）及网络综合业务。光环新网致力于以领先科技、卓越资源和优质服务促进中国网络创新发展，为使用者创造更快捷、更稳定、更安全的网络环境。通过 20 多年的积淀和深耕，累计的企业用户超过万家，建立了良好的业界用户口碑，在使用者中拥有领先的占有率和较大的品牌影响力。

一、国内的 IDC 先行者

光环新网是国内专业的第三方 IDC 领军企业。在国内外 IDC 市场与云计算技术高速发展的大背景下，光环新网近年来主营业务发展快速，机柜保有量快速增加，进一步推动了公司业绩的高速成长。同时，光环新网将采取内生+外部收购和运营亚马逊云服务（AWS）的新方法，全面切入云业务领域，以开辟公司未来巨大的发展空间。由于手机应用、手游、视频等各种应用的发展，5G、VR/AR 等新技术手段的出现与完善，数据流量一直保持着爆发式增长，促进了 IDC 业务总体规模的不断扩大，如图 3-4 所示。

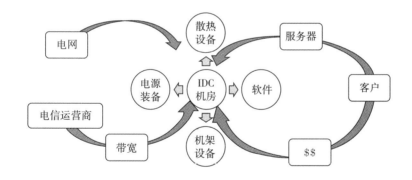

图 3-4 IDC 行业上下游产业链

光环新网为中国 IDC 业内的龙头公司，在未来业务规模化、集中化的发展趋势下，仍具有很大空间。近年来，公司发展战略路线逐渐明晰，加速了从传统 IDC 向云转变的投资与亚马逊云科技（AWS）联合及布局 SaaS 等不断强化的云计算技术发展，形成了全新的经济成长引擎。

二、积极拓展云计算技术市场，建立中国云生态圈

目前国内外企业中使用云计算技术等新型计算机技术的比例正逐渐提高，国内虚拟化市场目前处于较高速度发展。光环新网将致力于提供简单、有效、安

全、可信赖的企业级云技术和平台，并针对客户需要和行业特点，为客户提供包括公共云、私人云、混合云架构、云灾备、云管平台、AWS 咨询在内的云计算综合解决方案。

光环新网已在 2017 年底拿到国际云计算许可证，在 2018 年上半年成立了北京光环云数据分公司，主要专注于云计算服务和营销，为公司所经营的 AWS 云业务提供了包括通过直销方式与渠道销售的 AWS 软件产品和服务、AWS 相关方案产品和服务整合、AWS 生态系统服务支撑和推广服务等完整的市场营销体系和服务支撑，以促进企业云计算业务的蓬勃发展。目前，AWS 在我国经营云计算业务有数千家客户，宁夏西云数据和北京光环经营的 AWS 云服务，在降低供电成本和网络品质上均有明显优势，与国际市场既有竞争对手又有优势互补。光环云的数据定位将同步销售国内（包含北京和宁夏）AWS 的产品业务，由于本土化售后服务能力增强，光环 AWS 国内的云服务交易市场将维持高速成长趋势，公司也将不断探寻在虚拟化领域全新的经营模式。光环云赋能平台如图 3-5 所示。

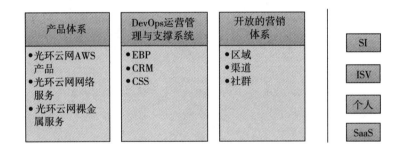

图 3-5　光环云赋能平台

三、总结与启示

光环新网虽然自创建以来，在综合互联网服务、综合信息业务、电信增值业务、网络集成化、楼宇智能工程、电脑网络安全等方面都做出了较好的成绩，但随着社会的发展以及竞争企业的崛起，光环新网仍面临着不小的挑战，因此企业要不断创新发展，把握优势抢占市场份额。推进 IDC 行业升级，大力发展云计算业务，不断提升研发、科技、服务业务，以规范化的产品与技术为客户提供互联网电子商务整体综合性方案。

（资料来源：笔者根据多方资料整理而成）

第二节　此云非彼云

云存储、云移动、云视频等各种云端产业正呼啸着闯入生活，云计算技术毫无疑问是当今最热点的话题。那么，究竟何谓云计算？这朵"云"能为人类的生存带来什么改变？这片"云"真的是无所不能吗？

云计算技术的"云"就是存在于互联网上的计算机网络群上的数据资源，它可以包括网络硬件数据资源（主机、存储设备、CPU 等）和应用软件系统信息资源（使用系统程序、集成应用软件环境等），而本地计算机只需要通过互联网发送一个需求信号，远端就会有成百上千的计算机向它提供所需要的资源并将信息回复给本地计算机，如此一来，本地计算机几乎不需要再干什么事情，所有的数据处理功能都可以通过在云计算技术提供商所提供的计算机群中来完成。特别是当客户有大量数据需要处理，而自身的硬件设备或软件资源又无法胜任时，云计算服务便呈现出其独特的优势。在不久的将来，云计算技术就犹如蓝天中的朵朵白云一般，它无处不在却同样使人无从察觉，而云计算技术与物联网则将一同为人类的日常生活带来无尽的便利。

一、何谓云计算

云计算是指基于网络的运算方法，利用这种方法，系统的软硬件资料和信息能够根据需要呈现给电脑或者其他装置。这些方式都是经由分布式计算（Distributed Computing）、并行计算（Parallel Computing）、效用计算（Utility Computing）、网络储存技术（Network Storage Technologies）、虚拟机化（Virtualization）、负载均衡（Load Balance）、热备份冗余（High Available）等与常规计算机科学和网络科技开发糅合后的结果。而云计算技术的主要业务方式，则为应用即业务（SaaS）、平台即业务（PaaS）、基本结构即服务（IaaS）。云服务则是指通过网络技术以随需要、可扩展的形式获得所需业务。这些业务既可以是与信息技术和软件、网络有关的，也可以是其他业务。这也表明计算能力也可成为某种产品，借助网络实现流动。

简单地讲，云计算是整合企业所需信息为一体并可利用网络进行的即需计算业务的一个新业务模型，以下是对其内容的简要介绍：

（1）"云"的生活：一切操作均在互联网上进行。不需要服务器，只需显示器和鼠标，一切运作均在互联网上进行，使用者只需支付相应的费用，便能租赁到所有的服务，包括存储、办公系统等，这便是"云计算"的一个写照。过去人们常说，看得到才可以拥有，而现在看不到也可以拥有，如今在电子信息领域中的海量内容，都不是放到手机里，而是放到了云端，可以通过云计算与物联网，以一部简单的手机获得无限的内容。

（2）"云"产业：无人员限制。尽管"云上生活"非常美好，但实现起来仍有困难。云计算行业很特别，这种行业的蓬勃发展并非要依靠一家或者几家公司就能够实现。鉴于虚拟现实的产品内涵丰富、产业链条长，加之仍处在概念推广阶段，单靠某个人或几家公司之力，很难产生聚合效应。因此，如何集聚包括大公司、政府、金融机构、社会资本等的各类优势资源，形成从基础设施、作业平台到服务内容的云计算完整产业链，这是云产业发展过程中的重要问题之一。而目前云计算产业发展中小微企业参与太少。苹果手机为什么这么好卖？就是因为苹果手机上面的应用多，很多都是由小微企业甚至个人来创作，这个产业发展要有创新、有市场，必须要多鼓励小微企业甚至个人参与到这个产业中来。

（3）"云"安全：是技术问题，不是发展障碍。云计算真的可以让每一位把大数据存放在其中的人都高枕无忧吗？很显然，答案是否定的。这朵"云"安不安全需要有公正的第三方机构进行检测。任何技术上的安全措施都是很短暂的，随着科技的发展，会有新的安全性问题，因此为了维护云的安全性，必须在立法、规范等方式上加以规范。如同银行有中国银行保险监督管理委员会等国家监督机构进行监督一样，云计算服务商也需要有效监督。如英国对个人数据、个人隐私方面保护得很好，有整个体系的数据保护，只要贩卖个人数据都会受到相应处罚。"云"安全并非云计算技术发展的障碍，"云"安全是促进云计算技术向前发展的推动力。

云计算专栏 3-2：

华胜天成：打造"一站式"行业云龙头

北京市华胜天成科技股份公司（以下简称华胜天成）是全球最大 IT 综合服务供应商，业务网络覆盖大中华区域、东南亚及北美洲、东欧的跨国 IT 业务集团。旗下拥有两家主板上市公司，以及三家新三板挂牌公司，集团公司本部设在北京，并在美洲、欧洲、亚洲等地拥有分子公司和研究中心，总雇员数量超6000名，实际控股或参股公司20余家。华胜天成的业务方向主要涵盖了虚拟化、大数据、移动网络、物联网、安全等应用领域，业务范畴包括了信息产品化咨询、应用研发、信息系统整合和增值分销咨询等各类信息行业。

一、构建产业安监、运输、零售业与旅游行业"四朵行业云"

目前公司已形成服务行业云产品化的服务，重点集中于旅游、零售、安监和物流四个领域，图3-6是天成四朵云的解决方案。

图3-6 天成四朵云解决方案

（1）发展智慧旅游云。

华胜天成已实现了由2G到2B再到2C的智能旅游云服务升级，已建立了从中华人民共和国文化和旅游部到全省的游客监测网络平台、大数据分析网络平台、全国景区数字化建设与经营的"数字美丽中国"云服务，建立了全省旅游基本信息库、北京旅游行业经营监测调度中心、宁夏旅游监测平台、郑州旅游产业运行监测调度平台、夫子庙智慧等重点建设项目，以新科技助力数字中国和美好中国的建设。

（2）智能商业零售云。

运用大数据分析和云计算技术提高零售公司业务和经营绩效。华胜天成在国外设有7个交易管理中枢，拥有2000多名软件交付人员、开源云计算专家学者、数据科学家、人工智能人才等，其成员公司美国Grid Dynamics公司主攻零售业云端交易市场，客户涵盖美国梅西百货公司、KOHL's、苹果公司AppStore等顶尖行业巨头。华胜天成也将成为我国数字丝绸之路基础建设工程的新亮点。

（3）智慧城市安监云。

围绕产业互联领域的安全产品与运营监控，通过线上技术咨询+线下实施评估的业务模式建立城市安全产品服务网络平台。目前，华胜天成已成为国内安监云网络平台的主要龙头企业，服务涵盖一、二、三级风险源企业人群已超过百万人。未来，华胜天成的产品安监云服务还将建设从全国到省市、从工业园区到公司的工业生产安全监控云平台，并将以此为依托开展在线安全技术培训、产品安监检测设备、线上职业健康保险业务等，把工业生产安监云网络平台进一步发展为集职业健康教育和职业健康保障服务等职能于一体的线上线下综合网络平台。

（4）智能物流管理云。

华胜天成推出了冷链配送云方案，将智慧配送云服务向产业细分的应用领域发展。智能物流管理云协助公司处理产品、库存、物流配送、门店等问题，完成在智能物流领域的应用场景与落地。

二、天成云赋能数字化转型

华胜天成深耕虚拟化市场与发展，为适应全球市场变化，公司积极布局物联网和人工智能，建立了"接口+平台+智慧"的创新价值平台。为面向国内云计算市场，华胜天成建立了"天成云"品牌。"天成云"品牌融合了华胜天成的应用软件、IT咨询服务、信息系统及产品提供"一条龙"的云服务。"天成云—安全管理公共服务网络平台"现已在宁波顺利开通。"天成云—公共服务平台"集成了社会所有科技公共服务资源，集安全管理的相关研究成果展示、咨询、测试考核、培训、宣传教育于一身，涵盖了线上线下沟通交互、监督协同管理和社会公益互助的双模发展，是一个面向政府部门、公司、供应商和机构全方位发展的公共服务平台，如图3-7所示。

三、总结与启示

我国需要将自主研发、自主创新提高到新的高度，而华胜天成正是自主创新道路上的一个榜样，在发展的路上，华胜天成应加大研发力度、保持核心竞争力、加强内控、强化市场能力、全力拓展优势产品线、抢占市场机遇。

（资料来源：笔者根据多方资料整理而成）

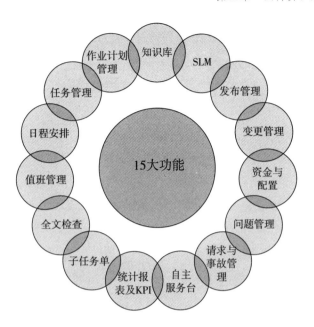

图 3-7　"天成云" BSM 产品升级功能

二、云计算的分类

一些国际知名的云提供者，如 Google 云计划、Amazon、IBM、微软、阿里巴巴等均拥有着数百万级别的移动服务器设备规模，通过利用这种分布式网络的移动服务器设施而建立的"云"可以为用户带来史无前例的计算功能。此外，云计算技术公司通常都会推出资源虚拟化技术，以帮助企业用户从任何地方、通过各种端口获得业务。"云"采取了大量数据多副本容错、计算节点同构可互换等保护措施来确保业务的安全可信，使云端运算远比采用本土计算机系统更健康可信，如图 3-8 所示。

云计算一般可分为两层：云平台和云服务。

云平台是基于硬件的服务，提供运算、网络和储存能力。即用户不需要为了跟上软件而更换硬件设施，只需通过云平台即可实现所用数据处理的要求。对于企业来说不用再为存储海量数据不停更换服务器、内存等。Google App Engine 就是一种典型的云平台，它给应用搭建了一个平台，使用者可以通过这种平台把自己正在研发的软件或者应用放到上面分享，而对于这些软件和应用的管理就由平

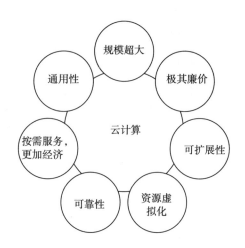

图 3-8 云计算的特征

台来处理。

云服务是指基于抽象系统的底层基础设施并能够弹性拓展的业务，不必依靠云平台，但它能为用户提供可以直接使用的服务。例如，客户关系管理（CRM）软件，只需上网在线使用就可以搞定复杂的客户管理工作。云服务就是为用户提供便捷快速的计算服务。

云计算的重要业务形式分为三类，即基础即服务（IaaS）、网络平台即服务（PaaS）和应用软件即服务（SaaS）。这三种云计算服务往往叫作云计算堆栈，但由于它们构成了堆栈，并且处于彼此之上，所以下面是这三个服务的简介：

（1）基础设施即服务。基础设施即服务是重要的业务类型之中，一般是向云计算技术提供者的个别或机构供应虚拟化运算资源，包括虚拟机、数据库、计算机网络和控制系统。

（2）平台即服务。平台即服务的一个服务类型，为开发者提供了利用全球网络创建应用程序和服务的平台。而 PaaS 则为研究、试验和管理的应用程序提供了按需求发展环境。

（3）软件即服务。应用软件即服务也是其业务中的一种，利用网络技术进行按需要软件交付的应用程序，云计算技术提供商托管和管理软件应用程序，并允许将其应用链接到应用程序，或通过全球网络浏览应用程序。

云计算专栏 3-3：

启明星辰：打造云安全生态圈

启明星辰信息技术集团股份有限公司（以下简称启明星辰）创建于 1996 年，由我国留美硕士严望佳女士创办，是国内具有一定技术实力、具有完整自主知识产权的安全软件产品、可信安全管控平台、安全性咨询及其方案的综合提供商。2010 年启明星辰在深圳市 A 股中小板上市，启明星辰已完成了对互联网、数据安全、应用服务保障等多个应用领域的全面涵盖，建立了平安行业生态圈。

一、布局云计算技术

一方面，启明星辰为加强在信息安全方面布局的发展策略，决定由全资子公司向易捷思达增资 5000 万元，旨在强化云安全性，并布局云计算技术；另一方面，启明星辰将充分运用易捷思达在云方面积累的经验，结合企业自身安保的能力，大力实施云信息安全。另外，为企业提供了安全管理独立运营、安全科技的"互联网+"（包括虚拟化、物联网、信息化、移动互联等），以及人工智能化的发展策略，该策略也和虚拟化分不开，启明星辰也将积极布局云计算行业。作为云计算标配的信息技术基础设施现已达成了共识，安全仅是其中的一部分，启明星辰将以安全为核心拓展 AI、云等基础领域。启明星辰可将其在信息安全科技和市场资源方面的资金优势与易捷思达在云计算技术和超融合发展领域的资金优势共同融入，达到了强强联合、优势互补的目的，如图 3-9 所示。

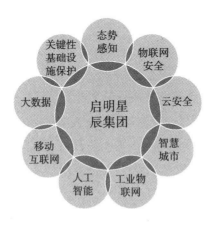

图 3-9　启明星辰主要业务范围

二、打造平安云

为打造平安云，云计算技术市场将继续发力。紧随虚拟化、云存储之后，云信息安全也到来了。在虚拟化的框架下，随着开放网络和服务共享现实情景越来越复杂，一系列新兴的安全问题也越来越凸显，如在众多虚拟机租户之间并行服务的安全性操作，公有云中海量数据的安全储存等。在国内，随着一些经营上云的公司逐渐追求个人安全保障，云提供商为了适应市场需求而逐渐增加上云的安全产品种类，希望进一步拓宽服务范畴，在企业掌握基于云计算技术的同时扩大与云计算企业间的合作范围。

腾讯云和信息安全供应商启明星辰正式签订了战略合作协议，将在政企业务云计算项目建设和产业网络安全等领域进行战略合作。启明星辰也提出了作为独立第三方机构协助客户开展云安全监督的业务，在云计算项目建设完成后再投放到经营和运维的各个阶段，通过云安全监督才有可能完成依托自己提供服务力量的云服务保障。

启明星辰加入"浪潮云图计划"与浪潮携手构建安全性可信赖的云。各方将根据对云计算安全的一致认识，充分发挥各方的科技资源优势及互联网市场资源优势，加大技术投入及方法研究，共同努力为使用者构建"安全性可信赖"的云，以对抗复杂多变的互联网威胁。

启明星辰与中国电信天翼云携手，联合发起建立"天翼云安全生态联盟"，并将为天翼云建立适应行业需要的云安全服务系统，为神州通信由 IT 及 ICT 向 DICT 过渡提供助力。启明星辰的云安全服务，已在政务云、中国电信等有了大量的运用，基于 AI 大数据分析相结合的方法，实现持续监测、预防、威胁解析、预警及趋势的呈现，如图 3-10 所示。

三、总结与启示

我国云计算市场持续发力。紧随云计算、云存储之后，云安全出现。在云计算技术的框架下，云的开放环境和服务的环境越来越复杂，《中华人民共和国网络安全法》的出台对网络安全领域产生了影响，除技术层面的共享之外，启明星辰还提出了云安全监管的服务，在云建完成之后就投入到了运营和运维的阶段，通过云安全监管才有可能完成基于自身服务能力的云安全服务。启明星辰持续推动人工智能技术与安全大数据分析更好地拥抱结合，在深入理解安全问题及业务场景的基础上充分发挥人工智能技术的优势作用，构建多元技术融合的良好生态。

图 3-10　打造云安全所做的行动

（资料来源：笔者根据多方资料整理而成）

三、云计算的优势

云计算不仅是一次技术革新，更是一场商业模式革命。云计算在初期的发展主要目标是对统计资源、网络资源，以及储存信息资源的集中管理，如图 3-11 所示。管理的首要工作目标便是要实现空间结构灵活机动性与时间灵动性，即人们常说的云计算的时间弹性。云计算实质上是一个全新的企业 IT 运营与服务模式，即企业以服务的方式创造或消费 IT。对于云计算的收益，著名的云计算服务商 AWS 认为，云计算具有以下六大优势：

（1）将资本投入转为可变投资：无须在使用计算资源之前支付，可按使用量支付。

（2）在大型规模经营中受益：通过云计算技术，可以获取更低廉的可变成本，同时由于云计算平台将会聚集成千上万的客户，因此平台供应商将能够获取大规模经营的优势。

（3）人们无须再猜测互联网基础设施内容要求：通过利用云计算技术，人们能够使用任何规模的信息，可多可少，并且还能够按照要求增加或减少，一切仅几分钟内就可以实现。

（4）提高效率与灵活性：在云计算环境中，新的 IT 资源往往仅仅点击鼠标就可以分配完毕，这样可以显著节省工作时间，从而将调配资源花费的时间由几周减少为几分钟，并提高了组织的规模灵活性。

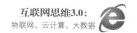

（5）无须再为数据中心的运营和维修工作注入大量资金：云计算使我们能够更专注于服务自己的客户，卸下安装和维修服务器的烦琐工作。

（6）几分钟把服务推广至世界各地：只需要点击几下，便可以在全球的各个地方轻易部署你的应用程序。也就是说，我们能够用最小的成本轻松帮助我们的客户，得到较少的延误和更良好的体验。

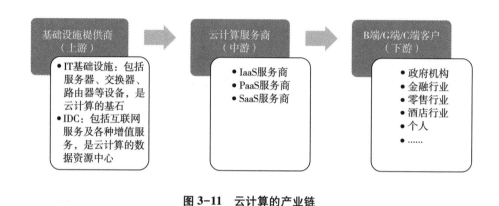

图 3-11　云计算的产业链

第三节　云计算的六大商业模式

云计算技术也带来了企业商业模式根本性的改变，云计算将在最大程度上节约企业的 IT 成本。云计算企业吸取经验不断改革，利用云端提供的计算服务，为客户创造价值，实现了商业模式创新。云计算六大商业模式如图 3-12 所示。

（1）基于通信资源云行业的运营模型。当前，基于通信资源服务的企业已经在 IDC 领域和终端应用软件领域拥有了得天独厚的资源优势，企业可以借助 IDC 云平台的支持，通过企业和平台供应商联合或自主搭建的 PasS 云服务平台，为研究、试验等创造良好的应用环境。企业继续利用现有行业终端应用软件的资源优势，进行 SaaS 云行业。同时利用 PaaS 技术带动 IaaS 与 SaaS 的融合，进行企业端到端的云计算行业。因此，企业基于通信资源云行业运营模式应该采用"三朵云"思路。首先，加快建设"IT 支撑云"，提供企业在运营数据分析、信息资源备份等方面的大量云计算能力需要，从而减少 IT 经营成本；其次，积极

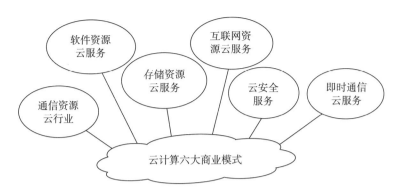

图 3-12　云计算六大商业模式

建设"业务云"，完成已有电信行业的云化，推动自己的电信业务和多媒体业务发展；最后，利用基础设施资源，建立"公众服务云"，团队协作搭建 IaaS、PaaS、在线软件等服务平台，为公司和个人客户开展云端主营业务。云计算企业面向所有人提供服务，也为更高需求的人提供更好的服务，既满足大众需求，也能实现盈利，推进企业更好地发展。

（2）软件资源的云服务商业模式。企业与软件、硬件制造商和云技术应用服务提供者合作，联合推出面向公司的咨询服务和公司个人的应用业务，让终端用户获得相应的智能硬件、软体和维护业务，并享有软件产品的使用权和升级业务。该合作方式既可以是单一的集成，实现统一的渠道分销，也可以是多租户分离的合作模式，如采用直接供应 SaaS 平台的 SDK，或采用孵化的管理模式，让运行于软件系统开发商的应用进程中的某个方案能够解决众多客户服务的问题，将数据保存到公共数据库系统中，让每个客户都可以直接访问自己的企业和个人信息系统。该业务模型能够成功运用主要归结于在其他应用领域中已经拥有好的供应商，它们以终端客户的视角布置整个云端运算产业链体系。因此，软件资源云服务商业模式以产品为固定的收益源泉，向顾客提供了采用 IaaS、PaaS、SaaS 三种层次的云端运算的总体解决方案，并试图以 BO 模型进行整体运营托管的业务。

（3）互联网资源云服务商业模式。近年来，我国互联网行业的飞速发展有目共睹，海量资源共享扩充我们的知识含量，减少我们查找资料的时间，大大提高查阅效率。人们可以利用搜索引擎的检索功能轻松获取海量的网络资源，这些资讯涵盖了信息内容的普遍性、浏览的方便性、检索的网络性及网络资源的动态性等自然特征，同时体现了企业的成长性、自治性和多样化等特征。网络资源云服务商业模式是依托于互联网企业云计算平台，通过联合与合作伙伴整合的一站式业务。由于互联网企业通过多样化的互联网服务，致力于为企业提供方便快捷的信息沟通与交换途径，加上网络企业掌握了大量服务器资源，从而可以保证企业数据的安全性。除此之外，公司企业还有节能降耗、降低成本的需求。因此，企业对云计算技术所能提供的服务有着巨大的期待，所以互联网企业云服务的发展存在良好的发展前景。然而，发展并非易事，机会和挑战并存，公司想要获得卓越的发展，需要满足用户习惯性行为，进而对互联网公司云服务有了更高标准的要求，需要提高创新能力，让产品处于研发的最前沿。如了解企业客户的需要，针对性研发云服务软件产品，从而推进传统的应用软件业务向软件服务业务转变，并引导企业合作伙伴由传统模式朝着云计算模式进发。为适应不同使用者的需要，如亚马逊、谷歌等网络企业提出了推广租用业务的策略，即按照出租服务器的期限长短来收取费用。同时，开发了某些网络平台的延伸开发工具，如远程信息管理、远程办事、协作研究等私有云工具，还拓展了供给定制型业务，按需收取费用。

（4）存储资源云服务商业模式。互联网企业利用云存储把各种类型的数据库利用管理软件集合起来，协调管理工作，对外提供数据存放业务。云存储业务给传统的仓储手段在数据安全性、稳定性、易管理性等领域带来了全新的挑战，因为云存储不仅是一种管理手段，更是一种复杂体系，由计算机网络工具、数据库、使用管理软件、公用访问接口、连入网和服务器端流程等几个环节构成。并且云存储业务模式的主要模式是由免费方式、免费+收取的组合方式以及其他业务方式组成，利用这三个模式向终端用户供应云服务仓储业务。然而业务的盈利模式与同业竞争的义务趋同，目前成为云存储业务亟待破解的主要问题之一。

（5）即时通信的云服务商业模式。网络即时通信软件开发至今，一直在网络上发挥着巨大的作用，让企业沟通变得更加密切、便捷。使用者可通过设置即时互动的终端机，进行两人及两人以上的即时交流。目前，即刻通信云服务提供商主要包括两类：一类是通过进行单纯的 API 调用就可以零门槛地掌握完善的运营级移动 IM 技能；另一类则是建立了完善的即时通信工具，由服务公司集成的云能力。即时通信的云业务均采用云端技术开发，确保网络弹性计算，并且可以根据开发者要求随时进行业务拓展。其拥有独创的融合框架系统设计，以提高快速开发力量，既不要求 App 修改原操作系统框架，也不要求将应用信息与好友关联，进而降低了连接门槛。具备可高度定制的页面框架与扩展能力，如各种页面、入口、行为、消息内容、消息显示方式、表情体系等，都可以自定义。因此，即时通信云服务商业模式基于即时通信的特点，主要包括了免费与收取费用两个业务模式，收取费用业务模式是目前经营即时通信云业务最主要的形式，然而免费将是必然趋势。

（6）云安全服务商业模式。云端信息云安全业务是网络时代信息安全的最新技术表现形式，它融入了并行数据处理、网络安全运算、对未知病毒的行动评估等新兴概念，通过利用网状的大量服务器端对网络平台中软件系统活动的特殊监测，将收集网络系统中木马、恶意程序的最新消息，传输到服务器端实现自动分类和管理，再将病毒和木马的解决方案分配到每一个服务器端。由于病毒特征库源自云端，所以只要将云端安全服务整合到杀毒软件中，并充分利用云端的病毒特征库，即可实现及时更新，有效杀毒，从而保证了所有用户使用计算设施的绝对安全性。所以，网络安全云提供服务企业模式特别是在云安全技术防病毒业务模型中，企业利用"免费"的业务模型引入应用，提供个性化的业务、功能及诸多应用后，实现了企业长期的盈利目标；防病毒应用也可与网络平台的建设运营商、应用服务提供者等企业加强协作，从而形成可持续竞争优势同盟，能够较大程度地降低病毒、木马、流氓软件等传统互联网技术威胁对网络安全带来的影响。

云计算专栏 3-4：

网宿科技：布局边缘安全网络

网宿科技股份有限公司（以下简称网宿科技）创立于 2000 年 1 月，并于 2009 年 10 月在深圳证券交易所成功上市，主要向用户供应覆盖全世界范围内的信息传输加速（CDN）、网络数据中心（IDC）等业务和云服务整合解决方案，是国内最专业的 CDN 与 IDC 业务综合提供商。持有由中华人民共和国信息产业部核发的增值电信业务经营许可，是亚太互联网络信息中心 APNIC 会员单位（具有 AS 自治域号）、国家互联网络信息中心 CNNIC 会员单位（具有 AS 自治域号）。经过面向全国重要互联网节点的近 30 个 A 类 IDC 机房，托管运维的服务器总量近万个，可向企业实现分布式主机托管业务、全程运维代管业务、网络安全等专业服务。边缘计算被描述为"微型数据中心的网状网络，它可在各地数据

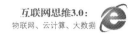

库处理或储存重要信息，并将收集的所有信息推送到中央数据中心或云存储库"，将这种和 5G 关联密切的技术应用于电动行驶汽车、物联网、人工智能、制造业、医药等产业，推进了各行各业的迅速发展。

一、瞄准 5G 场景，布局边缘计算

由于当前 CDN 技术需要继续推进迭代，而边界计算的高智能化、少延迟、可拓展性和低成本特征更能承载物联网时代的数据处理要求，从 CDN 到边界计算已经势在必行。边缘运算是对云计算业务的一个补充。网宿科技已开启从 CDN 到云端服务的战略升级计划，将已有 CDN 节点逐步提升至边缘运算节点，并构建起庞大的边缘运算平台，为产业发展带来了基于边界的基础设施技术能力、服务和行业解决方案，网宿边缘计算平台——网络结构如图 3-13 所示。

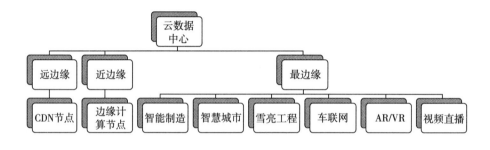

图 3-13　网宿边缘计算平台——网络结构

二、推出边缘 IaaS 和 PaaS 产品

Gartner 预计 2025 年将有 40% 的主流公司将边缘研究视为战略规划的重要组成部分。网宿科技副总裁李东表示，网宿科技在边界运算应用领域将会从策略层次上做好长远的规划，当前的重点是做好边缘 IaaS 产品和 PaaS 产品销售。

目前，网宿科技已经构建好的边缘计算平台，不断寻找面对工业互联网、视频娱乐等应用场合的解决办法。加快推进边界计算的应用范围，如在智慧家庭、智慧医院、无人驾驶、同声传译、燃料利用、现代物流管理等领域广泛使用。随着边界计算的蓬勃发展，尤其在 5G 兴起之后，边缘计算的应用场景与行业机遇也越来越大。

三、结论与启示

如此巨大的数据资源将为网络发展带来许多挑战，因为数百亿个网络端口所消耗的带宽资源也将越来越大，对高速计算能力、低延迟和稳定性的需求将越来越高。边缘计算和网络安全将是今后 5G 时代的重要组成部分。网宿科技的布局具有长远性，高瞻远瞩。2021 年，网宿科技将在原有 CDN 的基础上营收和利润有所展现。随着边缘计算和云安全的收入暴涨，营业收入也再次爆发。再创辉煌将指日可待。然而，全球安全市场正在暗流涌动。由于外来攻击者的规模越来越大、入侵手法越来越复杂，云安全已然成为企业不得不重视的问题，其中自动化和机器学习将成为网络安全解决方案的基石。网宿科技正构筑一个强大的智能计算网络。更新了所有 CDN 节点及具有储存、运算、传送、安全功能的边缘计算节点，以适应万物互联时代的新需要。

目前，网宿科技正在不断探索边缘信息安全网络系统，已落地 12 大清洗中心，安全防护网络覆盖亚太、北美洲及欧洲的重要城市和地区。相应的服务正在这些地方试点传播。网宿科技的防护技术紧密贴合客户要求，同时还促进服务的自动化、智能化、可视化。网宿技术公司根据企业应用层的防护需求，研发了业务安全防御产品 Bot Guard，可以实时对企业网络流量进行监测与分析，能够轻易鉴别出真假用户的流量，市场反馈良好。

（资料来源：笔者根据多方资料整理而成）

第四节　云计算的未来：移动云计算

云计算技术的发展不仅仅局限于个人电脑，随着移动网络的迅速发展，依托手机等移动终端用户的虚拟化业务也开始大规模出现。根据云计算的定义，移动云计算是指运用移动网络以按需要、易拓展的方法，获取所需要的基础建设、平台、应用软件等多项 IT 资源或信息服务的提供方式和应用模式。目前，云计算已有十几年的发展历史，时间跨度之长换取了光明的前景，十几年间各行各业的重要发展都聚焦于基础建设即信息服务这一层，简要来说就是"把大量数据信息从本地服务器迁移到云端"，实现了技术工具的提升，包含了"互联网+""共享"的基本思想。

未来，海量数据将向云端业务迁移，大数据分析、人工智能等专业的云端业务技术已经有了根基，具备广阔的前景。同时新一代人工智能发展离不开大数据分析与基本云端计算技术的支撑，因此新一代人工智能的全面落地也将普及 AI

云的使用。显然，基本云计算技术、大数据分析、人工智能这个热点的新技术应用领域将会在互动过程中快速发展。

一、移动云计算在信息时代的崛起与发展

伴随移动云计算技术的蓬勃发展，云计算技术在电信产业中的广泛应用必然会开启移动互联的全新时期，如移动网络系统及相关设备的逐步成熟与完备，移动云计算技术业务必将会在全球范围内高速发展，以便形成移动互联网业务的新兴热点，所有移动的互联网登上云端将指日可待。

1. 计算机技术的蓬勃发展

计算机技术的蓬勃发展主要经历了以下四个阶段：第一阶段是专家应用期，电脑是笨重的、价格昂贵的科学计算设备。第二阶段是个人电脑普及使用的时期，随着时代进步，电脑进入千家万户，现已逐渐变成个人工作、娱乐的必备工具。第三阶段是因特网时期，高性能服务器，通过互联网为多使用者服务的 Client/Server 模式也得以应用；但是，C/S 模型对宽带、运算、内存等各种资源的高需求遇到了其蓬勃发展的技术瓶颈。迫使计算机技术加速发展到第四阶段——数据时期，即应用了分布式计算、网格计算技术、P2P 技术等高新技术时期。于是，每个用户既是网络资源的主要使用者，又是网络资源的主要提供商，与众多用户一起负担着众多的运算、数据传输和储存需求。

2. 移动网络

相比于传统互联网，移动网络更多强调的是通过蜂窝移动通信网，可以随时随地连接网络的应用服务。尤其特指使用手机终端，利用移动通信网连接互联网的应用网络服务。自 2007 年首个版本的 iPhone 的上市，移动网络逐渐成为信息通信业发展中较为快速的应用领域。而后移动通信技术与 Web 应用技术的持续发展和创新，让移动网络业务成为继宽带技术之后网络发展的又一次动力。由于移动网络的移动应用独特的随身性、可鉴性、可标识身份等优点，促使了网络更加广泛地应用。同时，移动互联网服务也给传统的网络信息类服务带来了全新的发展空间和可持续发展的新型商业模式，为移动通信服务提供了无限的应用空间。目前，移动互联网服务已由原来单纯的文件访问、图片、铃声下载等形态，向固定网络服务和移动服务等深度融合的新形态发展，已成为电信运营商的重要服务发展策略。

3. 发展移动云计算

云计算由分布式运算、并联数据处理、网格运算等组合发展而来，是一种新型的商业运算模式。虽然关于云端运算的认识正在不断地发展与演变，但云计算技术领域仍缺乏一个广泛一致的概念。云计算技术中的"运算"很可能指所有 ICT 的融合运用。不过，现代虚拟化术语的主要特点并不意味着"计算"，而意味着"云"。近年来，我国互联网行业蓬勃发展，应用领域的全面普及与扩张有目共睹，互联网已经作为 ICT 发展的重要基石，层出不穷的应用需求要求对 ICT 理念进行重新反思与设计，导致 ICT 应用结构出现了巨大与本质的改变。这些变化，不但带动了 ICT 技术应用平台的更新换代，也带动了 ICT 技术应用领域实现方式与商业模型的革新。虽然关于云计算的概念众多，但究其实质都是人们希望实现大量 ICT 使用与服务的互联网实现。因此本节将赋予云计算更具体而规范的概念：云计算是在统一的技术框架下，通过 IP 网的虚拟化资源平台，进行大规模 ICT 使用的实现方法。

云计算专栏 3-5：

鹏博士：做 5G 时代的"淘金路上的卖水人"

鹏博士电信传媒集团股份有限公司（以下简称鹏博士）创立于 1985 年 1 月。1994 年 1 月公司股票在上海证券交易所挂牌上市，公司主营网络和数据通信业务，并掌管数据中心及互联网接入业务、云计算等。同时旗下延伸出中国移动、北京电信通、太古云通、长铁通服等企业，业务辐射中国 200 多个城市，为千万级以上家庭客户，20 万家政企客户提供服务。公司曾连续 7 年荣登"互联网百强企业"排行榜，是具有全国范围牌照的全行业运营商。

鹏博士拥有稀缺的中立多元化多等级 Hybrid IDC 资源，建设云网平台并与国内外主流云服务商连接，构建起国内领先的第三方中立云网融合资源池。同时，500 多名云认证工程师、数千名网络认证工程师活跃在一线，为客户提供全国一栈式数智服务。2021 年，鹏博士推出数智化发展新战略"N+3+X"，融合 5G、虚拟化、互联网、数字孪生、人工智能、元宇宙等领域的核心技术打造新型数智服务底座，结合鹏博士近 20 年积累的云网等核心资源和一栈式运营服务能力，从各行业客户需求出发，致力于为家居端、中小企业端、政府部门端客户实现"云+网+应用+服务"的全供应链条数智化业务。

一、探索边缘计算更多场景

边缘计算的发展前景辽阔，鹏博士将在构建云区云、社区云的过程中不断积累边缘机房的建造、管理、运维经验，为5G时代边缘机房规模部署预先准备，需要有一个技术、应用等逐步发展的过程，这还需要大量投入。鹏博士的"云—边—端"结构如图3-14所示。

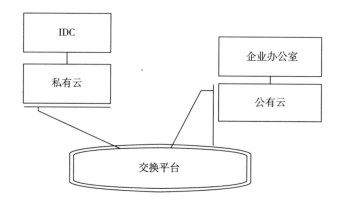

图3-14 鹏博士的"云—边—端"

二、鹏博士云生态的六大"利刃"

在企业数字化变革之战中，鹏博士云网在云产品销售业务板块中，将为顾客带来公有云、私有云、混合云、上云服务、多云管理、云安全六项金融服务。这六大"利刃"产品，将向广大用户全面揭示鹏博士云网将如何赋能服务企业，创变未来，在全新的网络发展生态化下高效疾驰。

1. 鹏博士公有云——更多选择，自如上云

鹏博士云网将向中小企业推出内部的公有云产品，给中小企业提供更多的选择，让企业轻轻松松登上云端。目前国内多数中小企业，都亟须云端平台。而鹏博士所提出的公有云拥有低廉的成本、较大的弹性，能够成为企业发展的重要推动力量，从而增加企业服务价值，促进技术创新和经营绩效提升等。

2. 鹏博士私有云——轻松部署更可靠更安全

轻松部署更可靠、更安全的数字化变革难度加大，企业需要日益关注效率、安全性与服务。私有云依靠自有设备，为企业客户的私密使用提供保障，从而能够对数据、信息安全和服务进行最高效管控。

3. 鹏博士混合云——多云互联、跨云无忧

在为中小企业提供混合云服务的过程中，鹏博士凭借自己强大的 DCI、云专线、VPN 等互联网技术，为中小企业客户的使用混合云服务保驾护航。鹏博士还将为客户服务实现多云互通，跨云无忧的业务，协助客户服务进行同城或跨区域的云上云下数据互联，迅速建立稳定有效的混杂云应用环境。

4. 鹏博士上云服务——让企业上云更轻松

目前，部分企业已经形成了企业数字化转型的意识，但面临着"上云难"的问题，迟迟未采取行动。因此，鹏博士对症下药，提供简单的全面服务，内容分为云咨询服务、云部署、云管理等，包括线上云规划、天下成本的对比评估、云产品选择及基础架构方案设计、原有服务迁移管理、由 IDC 至云的技术转移、基础架构设计与使用管理等详细服务，推动企业迅速上云。

5. 鹏博士云安全——有效抵御网络攻击

长期以来，鹏博士关心我国企业在云端产品使用进程中的信息安全问题，并且自身的云端信息安全技术产品能力全面、策略及时更新，企业接入云端只需三至五分钟，还可以享受大容量、高稳定性、不间断的安全保障，高效抵御 DDos 等攻击，并全程为我国企业在云端产品的应用保驾护航。

6. 鹏博士多云管理——统一管理、安全便捷

企业常常面临着数据信息管理运维流程复杂、运维数据信息无法统一存储、沉淀，与各云桌面平台的数据信息联系较难、各网络平台收费标准不统一等问题。面对这些问题，鹏博士凭借全局视野的运维管理系统，对资源进行统一集中管理、监控、部署，为企业建立统一账户体系和提供安全服务的多云互联网门户，及时避免一些隐患。

三、结论与启示

鹏博士将给企业带来统筹管控、安全便捷的应天下管理产品。它通过从全局视角出发的运维管理模式，使得企业能够被有效统筹领导、控制、调配。鹏博士密切关注公司的安全、运营、多云管理业务等方面内容，为公司提供了统一的账号体系和统一管理多云平台，以避免各种安全隐患。为避免公司的数据灾备和迁移等问题，公司用户还可通过统一管理云平台进行公司数据灾难的备份和更方便的数据转移管理。在公司运营问题上，通过进行企业信息的沉淀，从而达到公司 AIOps 的智能化运维目标。为破解多云统一管理业务难题，公司用户可根据自己的业务需要，弹性选型，以实现极大的成本节省。

（资料来源：笔者根据多方资料整理而成）

二、移动云计算的服务模型

移动云计算的业务管理模式涵盖"端""管""云"三大层面。"端"指所有能接入"云"并完成信息交互的手机等移动终端设备；"管"指的是负责用户信息传输的通信网络；"云"的实质就是业务，即业务模式。云计算是指可区分为三种层次的服务模型，最顶层是软云，中间层是平云，底层是基云，如图3-15所示。

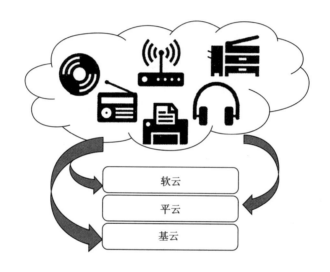

图3-15 云计算的服务模式

1. 基云

基云在英文里的表达是 IaaS，亦称为基础设施即服务。基云指以 TC 的基础设施为基本服务平台，直接按信息资源占有的时间长短，利用公有网络系统完成基本服务而实现"云"。基云的使用者既可能是个人，也可能是公司、团体或者政府部门。而亚马逊公司是业内使用其弹性计算云（EC2）最先实现基云的互联网运营商。基云的 IT 行业将运算、储存、网络系统、信息安全等原有 IT 资源以出租的方式提供给使用者。使用者能够通过控制系统和应用软件（数据库系统和Web 服务软件）获取租得的 IT 资源使用权。

2. 平云

平云在英文里是 PaaS，也称为平台即服务。平云指以使用的环境当作服务平台，将网络平台的全部接口和实现方案提供给用户用于创造新的应用。并利用互联网内容提供商进而来完成服务的"云"。平云能够使用其他用户的基云平台，也能够使用平云网络运营商自身的基云平台。谷歌利用其 App Engine 软件平台向应用开发商提供了平云业务，应用开发者必须采用 App Engine 应用接口来开发应用。

3. 软云

软云服务在英文里又叫作 SaaS，也称为软件即服务。软云通常指的是通过基云或平云技术所开发的应用。与普通的套装型应用不同，软云通常利用互联网等应用技术开发从而达成应用研发。软云服务既可以启用其他人的云平台，又可以利用软云服务运营商自己的基云和云环境。Saleforces. com 是美国最有名的软云运营商业务之一，基本上供应企业资源计划管理的业务。软云让企业使用者省去了对套装使用软件安装、保护、更新和管理带来的烦琐，也因为操作系统能够全部由软云运行商业务管理。

云端的基础设施层面，通常由服务器、数据库系统、存储设施、并行的分布式运算控制系统等所构成；平台层，通常由运行、支持和发布三个平台构成；应用层，主要提供应用、数据和信息等多种应用。

三、移动云计算的成功典范

传统互联网早已从桌面网络发展到了移动网络，这也再次提醒我们移动互联网已经到来。相比于传统互联网，移动互联网更多强调的是可以使用移动通信网，随时随地提供移动中连接网络的业务，这给人们的生活带来极大的便利。移动互联网常特指手机或其他终端取得移动通信网（如 4G、5G 网络）接入互联网并获得互联网业务的使用权。目前，移动互联网服务也由原来简单的文件浏览、图铃下载等传统形态，逐步迈向固定网络服务和移动服务深度融合的新形态发展，现已成为电信运营商的重要服务发展策略，并在未来发展中占据主要地位。

【章末案例】

阿里云：驱动数字中国

一、公司概况

阿里云计算有限公司（以下简称阿里云）于 2009 年成立，是世界云计算技术和人工智能技术领域的领先企业，为 200 多个国家和地区的企业、开发者和行政政府机构提供咨询服务。2017 年 1 月，阿里云公司变成了世界奥运会的国际指定云供应商。阿里云始终致力于以线上业务的方法，实现数据安全、令人信服的计算技术和信息处理能力，以实现先进计算技术和新一代人工智能成就普惠科技。目前阿里云已在全世界 18 个国家和地区开辟了 49 个应用区域，为世界各地数 10 亿用户提供了安全可靠的计算能力支撑。另外，阿里云还为世界各地客户全面部署了 200 多家飞天数据中心，采用了底层统一的飞天技术，为顾客带来了世界上独特的混合云感受。

二、全球云计算市场领军者

在全球市场，阿里云已超过了 Google 和 IBM 的云业务。阿里云之所以在世界云计算市场能有如此抢眼的表现主要归功于国内庞大的市场。无论如何变革，云计算始终都是阿里巴巴的关键战略。在过去的 10 多年，阿里巴巴对阿里云的投入累计已超过了 430 亿元人民币。同时阿里巴巴还把阿里云提升为阿里云智慧事业集团，并融入了该公司科技集团体系，把集团中台与达摩院的科技能力和阿里云全面融合，总体目标是在建设大数据经济新时期面向整个基于云计算技术的智能基础设施。

全球化的公司需要依靠数据资源来促进技术创新、实现经营数字化及满足消费者的各类需求。阿里云在这一数字化变革过程中还将和各行各业的客户展开深度合作，如将已验证的内部技术转换为更普遍应用的服务，并将其优势迅速传播给世界各地的客户，从而使客户可以快速地在顶尖的领域 5G、云计算及 IoT 中使用应用，减少市场响应的时间，提高使用效率。

三、飞天 2.0：面向万物智能的新一代云计算操作系统

飞天（Apsara）是由阿里云独立开发、服务于全世界的超大型通用运算操作系统。飞天希望解决人类计算能力的规模、效能，以及安全性问题。飞天的革命性贡献在于把云计算能力的三个方向：提供足够强的计算技术、普遍的计算技术，以及更普惠的运算技术集成起来。

飞天能够把覆盖世界的百万级服务器连成一个迷你计算机系统，以实时业务的方法为社会贡献大量计算技术。从传统 PC 网络到移动网络再到万物网络，互联网已经是世界最新的信息技术基础设施，如表 3-1 所示。

表 3-1 阿里云飞天系统发展历程

年份	大事件
2009	第一行飞天代码
2010	阿里金融通过飞天平台，开始对外提供业务
2011	阿里云已开始大面积向海外开展基于飞天的云端运算业务
2012	成为"双11"的基础设施
2013	首个5000台集群成功上线，阿里云也变成了全球第一个可以对外提交5000台计算能力的公司企业
2014	全球用户突破100万
2015	"登月计划"已结束，而阿里巴巴集团所有的大数据运算任务将转移至新飞天平台
2016	ET城市大脑项目开启，飞天步入AI时代并应用于缓解城市社区管理上的困难
2017	获得了中国电子学会的15年内首个重大科学技术进步特等奖
2018	进入2.0时代是面对万物智能的云操作系统
2021	新兴技术在研发，与5G相结合

飞天2.0有能力解决百亿量级基础设施的运算要求，涵盖了从物联网场景中随时开启的轻运算到超运算的技术能力，这也将是阿里云历史上最重要的一个科技提升。新一代的飞天2.0，包含了"云—边—端"合一的协作运算和AI技术能力，覆盖全球可达的网络和对IPV技术的全方位支援。此外，新飞天2.0还兼容市面上90%的物联网基础通信技术方案，将进一步引领LoRa成为物联网基础建设的新标准。

飞天2.0的发展起源于为了满足行业内更多的需要，把注意力转向了面向物联网时代发展趋势的分布式计算技术上。飞天2.0承载了阿里云覆盖全球的企业目标，将面向亿万个端提供大规模适配，可覆盖"最后一公里"的计算。计算是心脏，AI是大脑，IoT是神经网络，这也是阿里云在对万物智能化发展时代下的构想，以及飞天2.0的设计理念。

四、开启云智能

阿里云战略加速的"四级火箭"，由达摩院加持的云、大数据智能的云、最佳实现的云和被整合的云。达摩院已经在机械学习、下一代人机交互、机器视觉计算、芯片设计、量子计算等领域构建了自己的核心技术。阿里巴巴全部科技信息都将借助阿里云对外传输，而全公司的研发能力也将融会贯通并和达摩院的研究能力全面地融合起来。未来，阿里巴巴还会增加研发投资，以扩大云的技术代

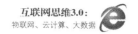

差。在人工智能应用领域，达摩院的计算专家们将把在阿里巴巴内部场景锤炼过的计算能力，向云上企业提供。这些关键技术都已形成了多模式互动的智能技术，并具备全球性领先优势。阿里云智能如图3-16所示。

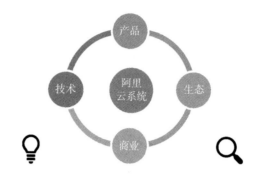

图3-16　阿里云智能

云端化IT基础建设、互联网化信息技术、大数据分析化服务和互联网精细化运用，这是云的三大发展趋势和内核价值所在。在IT基础建设层面，All-in-Cloud的新时代已经到来，各行各业正不断地向公有云上全站转化。为此，阿里云将供给企业上云端的各种途径和开发工具，以助力企业零变动业务上云端。并且，阿里云还将坚守企业自主开发之道，共同建设安全稳定的大云端。在未来，社交经济将和网络更加融合，企业机构的服务内容也将全部转化为网络服务。同时，阿里云还建立了适应海量高速并发的互联网分布式框架、下一代数据库PO-LARDB、中台技术及云端服务原生的产品和能力，这些能力也将支持企业机构进行核心技术的互联网化。在此基础上，企业应用系统将完成由传统业务流程驱动转为数据分析智能驱动，从而达到业务数据化与智能化。

目前，阿里云正在推进AI芯片AliNPU的开发。除此之外，阿里云还对FP-GA非常灵活的特性展开了研究。阿里云利用软硬件融合，设计了全栈的操作系统。但面对神经网络CNN inference的吞吐量与GPU相比不足，阿里云的智能硬件网络架构师和计算工程技术人员完成了统一设计工作，尤其是针对具体的结构问题完成了针对性的算法设计，同时提高低精度、稀疏化，使操作系统整体性能得以提高。DC大脑的智能运营化技术也将在云栖大会展出。这套系统运用了阿里云的强大数据挖掘、统计、模型，能够在供应商产品领域、服务器设备、网络系统、数据中心及使用运维行业领域、故障排查等范畴广泛使用，不断地优化提升运营水平。

阿里云智能接入的互联网关实现了近乎专线品质的私有连接，可以建立全球互联网，使广大中小企业也可以享用到高质量、安全的网络服务，在通过智能接入的互联网关，插上电源、连上网线后可以快速连接阿里云。1分钟内就能够建立全世界的互联网，给广大中小企业用户带来了快速上云的能力，和用虚拟机一样简单，通过点击鼠标就可以连接企业内所有的互联网。这主要通过云操作系统、存储与计算网络技术的提升，驱动上层技术创新与产品提升。

五、结论与启示

以数字技术为代表的新产业革命是一次转换速度极快、覆盖领域极广的系统性创新，推进我国快速迈入数字时代。阿里云之所以能够在世界互联网行业名列前茅，是因为其能紧跟时代浪潮，把握互联网蓬勃发展的机遇，阿里云由此实现了对海量数据信息的实时动态管理和分析。

第一，阿里云将全面布局边缘计算和物联网。为迎接物联网时代，阿里云在芯片、联网、管理平台三个层面进行了布局。其发布的低功耗 LoRa 芯片具有小尺寸、低功耗、超低启动电流的特点。

第二，阿里云发布了全新产品。阿里云对发布的另一款联网产品——天空物联网寄予厚望。LoRa 与飞艇和无人机结合可布设高机动性大网，物联网络管理平台掌管着百万台以上的网关、亿级以上的终端。互联网技术日益发达，未来每个企业都将通过天空物联网联网。

第三，云计算将会成为一种随时随地并根据需要而提供的公共服务。可以说，阿里云致力于打造公共、开放的云计算服务平台，并将借助技术的创新，不断提升计算能力与规模效益，将云计算变成真正意义上的公共服务。

（资料来源：笔者根据多方资料整理而成）

第四章

大数据：数据为王，挖掘未来

【开篇小语】现如今，网络技术蓬勃发展，网民数量逐步增加，标志着全球正在逐步进入互联网信息时代。所谓互联网，就是指人们在网络生活中所应用的海量数据和信息。随着科技的发展，网络与信息化时代的到来，人们共享全面开放的数据系统，从不同平台所获取的信息日益丰富。如何对其中更加繁杂与丰富的信息做出适当的总结和研究，将为我们的生活提供诸多便利。

互联网等新兴信息的产生，促使了智能工业、智慧产业、"大脑"产品等的兴起，也促使了社会由信息时期走向了智慧科学时期，也即从传统 IT（Information Technology）转变到新 IT（Intelligence Technology）。

——孙正恕

【开章案例】

浪潮集团："云+数"的新型企业网络公司

目前，"云+数"的市场发展迅速，当今世界上的信息产业强国非常注重"云+数"，早已把"云+数"当作未来的关键战略产品加以研发，并通过建设与数据中心、云计算技术、大数据处理相融合的先进算力资源网络系统，进一步优化了数据中心建设格局，促进算力资源系统更全面地支持大数据的计算，进而为发展赋能。随着云计算技术、大数据分析的不断升温，这些前沿的IT科技被普遍使用，各政府部门对云服务的认可度也日益提高，对大数据分析技术的要求也越来越多。作为中国云计算领导厂商，浪潮在这一领域迅速提升了市场占有率。

一、公司概况

巨浪是中国国内领先的云计算技术、大数据处理提供商，设有巨浪信息技术、巨浪软件系统、巨浪全球、华光光电四大公司，主营业务涉及云数据中心、云服务大数据处理、智能城市、智慧企业等产业群，为全世界100余个国家与地区提供信息技术产品与服务，全面解决了政府部门和企业的信息化需要。浪潮服务器蝉联世界前三名、业内第一名，HPC跃居世界前两名，AI系统占有率也稳居业内第一名。当前，巨浪已明确提出以数据分析为核心，依靠世界领先的云数据中心网络平台和云计算网络平台，积极建设平台化生态型企业，与合作伙伴共同构筑数据信息社会化大生态体系，加速向云服务、大数据分析、智慧城市建设"新三大运营商"转型，致力于形成"云+数"的新型网络企业。

二、建立"云+数"新型网络公司

在大数据处理方面，浪潮公司（以下简称浪潮）另辟蹊径，借助政务云技术帮助地方政府实现信息的集中、共享、公开，从而完成信息的授权运作。与此同时，新浪潮采用了"公司+创客"的方式收集大量互联网数据，逐步发展成为一家大数据分析企业。

浪潮结合互联网信息实现了资源的重构，利用政府部门、社区、个人三方信息的交互，不仅实现了优政、惠民、兴业，还进行了等各种应用研究。从生态建设来看，浪潮公司将自身的云和数据资源提供给合作方使用，为合作方实现信息资源输出赋能，从而建立了数据共享、资源共用的新生态。

在全新的IT时代，都市将会嵌入"新三大运营商"，即云服务运营商、大数据运营商、智慧城市运营商，这也将促进都市的发展。根据智慧城市建设计划，新浪潮则给出了"策划、融资、建造、运作"智慧城市的"四步曲"，与合作方共同构筑智能生态建设、资金生态建设、供应生态建设、金融服务生态建设，共同推动新兴智慧城市的运作（如图4-1所示）。

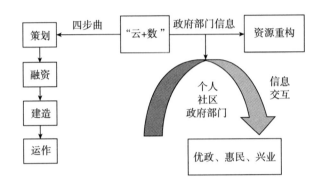

图4-1 新兴智慧城市的运作方式

三、新浪潮云：从政府云到都市云

围绕云服务，浪潮有政府和企业两类客户。从技术层面来看，浪潮云有两朵云：X86云和安全可靠云。基于浪潮云及其自身产业布局，浪潮把自身的生态系统划分为六个部分，即云中心生态化、云公共服务生态化、政务数据分析运营管理生态化、爱城市网生态化、智能城市运营业务生态化、云ERP应用市场生态化。通过与各合作方的共同配套，形成了新生态。如果说给地方政府部门提供云公共服务就好比提供保姆服务，那么在加入政务数据分析运营管理的功能后，就可以从保姆服务升级为政务管家服务。浪潮则是利用了现有数据资源，再利用政府授权的网络数据，推动了大数据生态的建立。随着科技、资源和市场模式的进一步完善，新浪潮将以城市信息资源为核心，积极建设城市政务大脑、交通大脑、城市感知大脑等，以促进城市中的智能应用生态体系快速建成，从而形成以优政、惠民、兴业为目标的智慧城市建设与运作路径，并成为智慧城市运营商。在新市场模式上，浪潮将与合作企业合力构筑智慧生态、融资生态、供应生态、服务生态，共同推动国家新型智慧城市的建设与运营（如图4-2所示）。

图 4-2 浪潮云战略

四、浪潮天元大数据双创中心

浪潮大数据双创中心在济南高新区揭牌并开始运作，首批共计 20 余家公司进驻。据悉，该双创中心将以天元数据网和新浪潮的网络资源为基础，以"大数据+双创"的运营理念，集合空间金融服务、写字楼金融服务、中小企业金融服务、创客金融服务、互联网金融服务于一体（如图 4-3 所示）。为入驻创客提供全方位创新创业服务。双创中心将通过建设和运作互联网双创中心、天元"双创"平台、国家高新技术创业公共服务系统、中小企业综合性服务平台等，积极建设大数据上下游企业生态链，发展大数据双创工作。按照"公司+创客"的大数据"双创"产业模式，通过两轮创客招募、后期大数据服务运营，培育济南区域内优秀创客项目与创客企业，共建优质项目，创造以公司大数据服务拓展为核心、双创中心为载体的直接利润收益。双创中心作为新浪潮山东大学的双创实习基地，将为该校学生提供创新创业的实践岗位，以创新促进学生就业。各方都将充分发挥各自的资源优势，深入发掘已有合作项目，并逐步开拓未来的合作领域，为济南市、山东省及我国的人才培养和科技创业做出努力。

五、结论与启示

大数据分析技术对人类工作生活的渗透越发深入，企业对个人数据的获取也越发便捷，对数据的分类与运用也日益频繁，这将给人们带来越来越精准的个性化商品和金融服务。

第一，数据量。新浪潮借助"政府云"帮助各地政府部门实现大数据分析的授权操作。与此同时，新浪潮利用"公司+创客"所收集的大数据，已累积近 60PB 的大数据资料，并逐渐发展成大数据分析企业。

中小企业
金融服务

集合空间
金融服务

创客金融服务

天元数据网

新浪潮的
互联网
资源

大数据
双创中心

写字楼金融服务

互联网金融服务

图4-3　大数据双创中心

第二，数据挖掘。政府数据是十分有价值的"钻石矿"。新浪潮利用行政许可数据分析，再结合网络数据分析进行了数据重建；利用与行政、社区、个人等三维数据的有效交互，以优政、惠民、兴业为目标，进行了各种应用的创新。

第三，大数据分析赋能。伴随都市科技、信息资源和市场模式的逐渐完善，新浪潮时代将以都市大数据资源为核心内容，通过建设都市政务大脑、交通大脑、感知大脑等，来促进都市智能应用生态体系的建设，从而成为智慧城市运营商。

（资料来源：笔者根据多方资料整理而成）

第一节　你时刻创造着大数据

我国正在不断加快数字国家的构建，我国数字经济也始终维持着高速增长。随着中国数字化的迅速发展，大数据的角色将发生重要的转变，大数据开始作为一个全新的生产资料，对产业、科技、行业，以及战略发展方向等都将产生巨大的影响。根据互联网数据中心（IDC）的预测，2025年，全球大数据圈规模将突破175ZB。1ZB相当于1万亿GB。假如人们以平均25Mb/s的速度下载2005年的整个全球数据圈，那么全中国人共同完成此任务大约需要18亿年，全世界的人进行不间断下载，也需要81天才能完成。预计到2025年，将形成世界上最大的数据处理圈（如图4-4所示）。在这样巨大的信息量面前，它所提供的信息及所反映出的现象，对社会发展有着重要的意义。

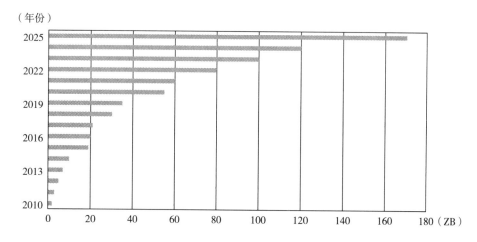

图 4-4　2010~2025 年全球数据圈的发展规模

资料来源：《2025 年中国将拥有全球最大的数据圈》。

一、"两会"大数据：数据展现网民关注的"两会"焦点

由一点资讯出炉的《一点数据知两会》大数据分析报表（以下简称报告），是获得两会信息的主要途径之一。该报告利用数据展示与两会有关的新闻热点和网友关注的焦点，数字化、多维度呈现出两会全貌。虽然两会已结束，但热点问题还在持续受到关注和热议，并且由两会引发的对未来美好生活的畅想也牵动着每一个人。

（一）综合看点：两会趋势，从"个税"到"5G"

从报告中可以看出，两会期间，"民生""教育""就业""医保"等生活中方方面面的热点问题备受人们关注，随着社会科技不断发展，"人工智能"的热度不断提高。

（二）用户画像

通过对客户画像精准分析后发现，前沿创新科技成为中国一线城市的热议话题。在关心两会的客户属性分类中，男性客户比重大约为 76%，女性客户则占 24%。男性客户较多关注"5G""创新"，而女性客户则重点关注"食品安全""教育减负"，且不同女性客户的关心程度也存在很大差异。在年龄分布上，有高达 24% 的客户是在"80 前"，而"90 后""00 后"占比接近 52%，成为关心"两会"的新生力量。从不同年龄阶段关注的焦点中可以看出，"80 前"主要关

注的是"中华人民共和国成立 70 周年"和"大国外交";"80 后"和"90 后"主要关注"创业"和"养老"。二者不同之处在于,"80 后"更关心"教育减负","90 后"则更关心"个税"。愿意接收新奇事件的"网络原住民""00 后"则对 5G 的兴趣更大(如图 4-5 所示)。

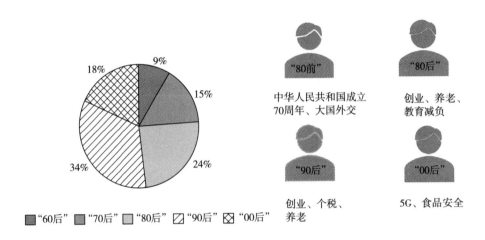

图 4-5 各年龄段关注两会的比例及重点

资料来源:中青华云大数据。

从区域上分析,对全国两会关注度较高的区域为华东、华北、华南地区。具体到各城市,中国四大超一线城市和重庆、成都、武汉等新一线城市均位居全国前十。城市的经济状况真实体现了各个城市关心的重点不同,一线城市更关注 5G、"人工智能"等前沿科技,而二、三线城市更多关注的是"创新""民营企业""农村复兴"等宏观经济战略。

(三)新媒体传播矩阵,多角度聚焦两会

当前,一点资讯的用户数量已超过十亿,每天活跃用户数超过 7400 万人,月度活跃用户数超过 2.9 亿。在全国两会期间,一点资讯发挥全媒介的技术优势,以多角度报道新闻,并通过图文、影像等多元传播方式组成新闻传播矩阵,全方位呈现两会中关键环节的重要新闻,逐步成为消费者关注、参与全国两会的最佳选择,这对新媒介科技传递时政资讯产生了深远影响。

二、衣食住行大数据

(一) 穿戴大数据

小米手环是由小米公司发布的一款智能手环，能够把用户日常跑步、心跳和入睡的各种数据信息上传至数据中心，以记录分析个人的运动情况。目前，小米手环的总出货量已经突破 5000 万台。

小米手环的主要功能还有检测运动量、监控入睡质量，以及智能闹钟唤醒等。用户可以通过手机应用实时检测运动量，监控行走与奔跑的成效，还可以通过云端获悉更多的健身项目。小米手环还能自主评估用户是否进入睡眠状态，并记载用户的深睡与浅睡的数据，以协助用户检测自身的睡眠品质。

(二) 餐饮大数据

通过大数据显示出在美团餐厅的预订业务中，上海、北京、成都、深圳、广州在情人节预订餐厅订单的排名为全国前五位，很明显一线城市的浪漫程度更高。情人节较火爆的餐厅是西餐厅和时尚类餐厅，虽然西餐厅占据着重要地位，但地方特色美食依旧火爆。这表明在新的餐饮时代，餐饮行业将呈现零售化、模式化、网络化、数据化、品牌化等新特征，也将为商户提供更多的思路和契机。

(三) 租房大数据

房子始终是人们安全感与归属感的精神寄托，但如今年轻人对于"买房"的观点，早已发生了巨大的变化，房子已经不再是必需品，不一定要"买"，也可以"租"，生活品质不能因为买房而下降，租房已成为年轻人对高房价的妥协。

(四) 出行大数据

第一，高德地图。高德地图的春运出行大数据显示，在 2008 年春运期间，高德地图共为出行者的开车导航计划贡献近 36 亿次，约为上年同期开车导航计划人数的 1.8 倍。高德地图目前已累积的汽车用户导航规划接近 41 亿次。在春运期间，高德地图联合国内多地的交通局开展了"温馨回乡路"服务，服务返乡的私家汽车、摩托车用户近 3.8 亿人次，并为摩托车车主免费提供道路交通安全反光背心 6000 余件。

第二，通过高德地图发布春运交通大数据分析报告。经高德地图大数据分析计算与整理后发布的全国交通拥堵时段报告显示，全省高速公路的日均交通拥堵里程每年都有上升，其中，交通拥堵里程增长较为突出的地区是江西、贵州、广西，每日交通拥堵里程均增长50%以上；下滑速度较为突出的地区则是西藏、天津、北京，交通拥堵里程下降速度在25%以上。从区域划分上来看，北部地区、直辖市的高速公路交通拥堵里程减少较明显，而西南地区部分省份的高速公路交通拥堵涨幅较明显。

第三，高德助力春运安全返乡。高德地图"回家地图"系列在线服务中的"未来行程规划"可向驾驶群体提供在未来7天内某个旅行时间的最佳行程计划和具体的旅行用时，以协助自驾游群体做好智能旅行决策；"躲避拥堵"可在车主遇到拥堵路段时，为其智能推荐绕行路线；"跨城导航"能为出行人士提供沿途的动态天气信息，以及沿途的服务区信息。这都为车主提供了安全、精确的路径指引服务。

第二节　什么是大数据

"可能感兴趣的人""猜你喜爱""选购此产品的人还选择了×××"……在你刷微博、网购时，常常会在对应的地址上看到这类显示。购买者是否还会有这个感受：网上购物不必再搜来搜去，网页弹出的商品刚好都是自己喜爱的。

我国数据量正以平均年增长率50%的速度上升，而当前80%以上的数据都是在最近两年才出现的。这些数据并不仅是我们在网络上发布的消息，还包括来自世界各地的工业生产装置、车辆、电表等上面安装的数字感应器收集的数据。这些数字感应器随时检测并反馈着有关速度、运动、震动、气温、相对湿度，以及周围环境中物质的变化等，也形成了大量的数据信号。那么什么是大数据呢？

一、大数据的概念

在由维克托·迈尔·舍恩伯格与肯尼斯·库克耶共同撰写的著作《大数据时代：生活、工作与思维的大变革》中，认为大数据不是随机分析法（抽样研究）之类的捷径，而是对任何统计信息都加以分析解决。

目前，对于大数据的定义尚未形成一个统一的认识。综合来看，业界对数据的理解与定义，均存在一定的差异（如表4-1所示）。

表 4-1 主要机构对大数据的定义

主要机构对大数据的定义	国际数据公司（IDC）认为大数据即海量的数据规模（Volume）、快速的数据流转和动态的数据体系（Velocity）、多样的数据类型（Variety）、巨大的数据价值（Value）
	IBM 的海量数据处理应当具有三种特征，可汇总为三种"V"，即海量（Volume）、复杂性（Variety）和快速化（Velocity）
	NetApp 公司的大数据产品主要包含 A、B、C 三种基本要素：资料类型（Analytic），带宽（Bandwidth）和内容（Content）
	维基百科认为，大数据是无法在特定日期内，利用常规软件工具对其信息内容进行抓取、管理和处置的数据集合
	赛迪顾问认为，大数据是需要经过快速收集、整理、分类，并能从中获得有价值的、大量的、个性化的交易信息、交互数据和传感信息
	麦肯锡认为，大数据是能力远超过常规的数据库系统软件收集、储存、处理和数据分析能力的信息集合体，而不是指必须要达到一定 TB 值的信息集合体，才算作大数据

资料来源：笔者根据多方资料整理而成。

大数据（Big Data）是指"不能用已有的软件系统获取、储存、检索、共用、统计分析和处理的海量的、复杂性的数据信息集合体"。大数据的特征通常用 4 个"V"加以总结，即海量（Volume）、多元化（Variety）、速度化（Velocity）和价值化（Value）（如图 4-6 所示）。

第一，数据体量巨大（Volume）。截至目前，人类可制造的所有打印材料的总体数据信息量大约为 200PB（1PB = 210TB），从古至今全人类说过的全部讲话的数据信息量大概是 5EB（1EB = 210PB）；典型企业个人计算机硬盘的总数据容积大约为 TB 量级，而部分企业的总数据容积则早已达到 EB 量级。

第二，数据类型多样（Variety）。多样的资料能被细分为结构化数据和非结构化资料。而对比于以往便于保存的以文字居多的结构化数据，非结构化资料更多，其涵盖了网络日志、信息、声音、视讯、图片、资讯等，这也对数据的处理能力提出了更高的要求。

第三，价值密度低（Value）。价值密度的多少和数据量的多少成反比。以录像为例，一段时长一小时的录像，在持续不间断的监视中，可用的数据恐怕仅有 1~2 秒钟。而怎样利用庞大的机器计算才能更快捷地实现数据分析的"提纯"呢？这已成为大数据分析中亟待解决的难点。

第四，处理速度快（Velocity）。这也是大数据分析中区别于传统数据挖掘方

法的重要特点。按照 IDC"数字宇宙"的研究报告，预计到 2020 年，全球数据信息使用量将超过 35.2ZB。而在这样海量的数据出现之前，管理数据较有效的办法便是让公司存续。

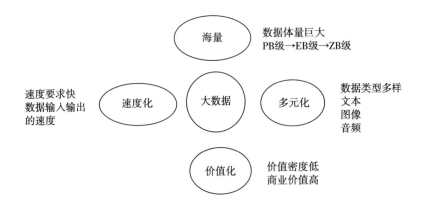

图 4-6　大数据的特征

大数据专栏 4-1：
荣之联：赋能中国的数字化转型

北京荣之联科技股份有限公司（以下简称荣之联），是专业的现代信息科技企业，主要协助客户完成核心业务的全数字化转换，并以独创的数据管理平台和产业解决方案为产业客户赋能，帮助其对各种大数据资产进行收集整理、价值发现与应用创造。在大数据分析方面，其拥有数据分析引擎、数据管理产品和各个领域的行业解决方案；在生命科学领域，荣之联为基因研究与精准治疗打造了量身定制的临床检测研究体系、基因组信息平台以及生命云计算平台。荣之联经过十多年的高速、健康发展，技术和产品质量不断提高，受到了市场和消费者的一致赞许。企业曾荣获德勤注册审计师及咨询服务公司颁发的"2009 年度亚太高科技高成长企业五百强"等荣誉称号，并荣获深圳市华大基因研究院等颁发的"顶级方案提供者""顶级服务供应商""IT 优秀合作伙伴"等荣誉称号。

一、自主研发的大数据平台 DataZoo
大数据平台 DataZoo 是荣之联以 Hadoop 技术为基石，融合了行业特点打造的大数据分析平台产品，它被赋予了"心脏"和"四肢"。"心脏"指的是荣之联研发的五大引擎：批数据处理、即时流数据处理、多维检索、图运算与数据挖掘、整体控制；"四肢"则是指由荣之联在五大引擎上所提供的四个开发工具套件，这些套件具备从数据分析、收集、清洗、转化到统计、计算、信息发掘，再到大数据可视化的数据全生命周期的处理技术。开发工具的主要功能就是提高工作效率，这将极大缩短数据分析的时间周期（如图4-7所示）。

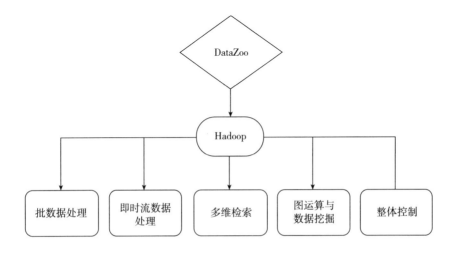

图4-7 荣之联 DataZoo 大数据平台

据悉，通过该网络平台，由荣之联提出的大数据分析方案，目前已被成功运用于公安、证券、交通、新传媒、车联网和生物医药等诸多领域。

二、多款大数据分析软件产品，为客户数字化转型赋能

最新推出的荣之联智能信息 iNEWS，其核心是采用 NLP 技术（自然语言处理）。iNEWS 软件的产品家族还包括 iNews 信息智能识别系统软件、iRecommend 智能信息推送引擎系统软件、iRobot 智能抓取系统软件、iMonitor 传播控制软件。

此外，荣之联其他产品，如公安部门情报大数据信息系统可视化分析软件产品"神机妙探"和"神机妙探1.0"是由荣之联专为中国公安部门信息系统而特制的分析软件；"驾驶行为分析系统2.0"可用于精确解析行车风险、车主画像，以及汽车撞击测试；极道 BioStack 是一种全新结构的生物基因数据分析系统；Helicube 是荣之联研发的生物学信息分析合一机。

三、结论与启示

作为专门的信息技术企业，荣之联通过融入物联网、大数据分析、人工智能等一系列现代信息技术，凭借企业在信息技术业务领域的丰富经验和创新优势，协助客户完成核心业务的全方位数字化转变，并以独创的大数据分析网络平台和业务解决方案，为业内客户赋能。在荣之联看来，数字化转型是客户的必经之路，通过数字化转型可以实现对现有业务的优化，并寻找到新的增长点。

（资料来源：笔者根据多方资料整理而成）

二、大数据分析的基础与精髓

大数据分析正以一个前所未有的方式，通过对海量数据进行重新分类，从而挖掘出具有重要价值的商品、服务和更深刻的信息。

（一）大数据分析的基础

诸多应用都关注到了大数据分析，而大数据分析的特殊属性都体现了大数据分析的复杂性。因此，对大数据的分析方法也就变得尤为重要，适当合理的分析方法有助于判断信息是否具有真价值。据此，大数据分析的基础有如下几类（如图4-8所示）：

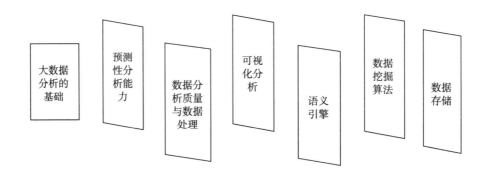

图4-8　大数据分析的基础

（二）大数据分析的精髓

大数据分析的三个精髓：是全部数据，而非随机采样；是大体方向，而非准确性；是相互联系，而非因果关系（如图4-9所示）。

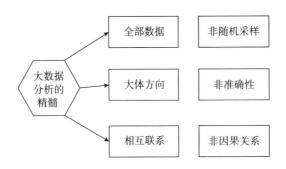

图 4-9　大数据分析的精髓

第一，全部数据，而非随机采样。在大数据分析时代，人们可以分析到更多的数据，还可以处理一些和特定现象有关的数据，而不再像过去那样只依赖于随机采样。更高性能的大数据技术让人们真正意识到，随机采样实际上是人为控制，而非正常限制。

第二，大体方向，而非准确性。因为原来需要分析的数据非常少，所以我们需要尽量准确地量化我们的记录。但随着人类规模的增加，大数据研究数量如此之巨大，使人们越来越无法追求准确性，对精度的需求也日渐降低。而掌握了大数据分析，人们就不再需要对某个现象刨根问底，仅把握大体的发展趋势走向即可。适当忽略微观层次上的精确度，会使人们在宏观层次上具备更好的洞察力。

第三，相互联系，而非因果关系。长期以来，我们习惯于寻求事物间的因果关系，但在大数据时代，我们已经不必再紧盯着因果关系，而应该更多地寻求事物间的相互联系。相关联系或许还无法确切地告知人们某件事情为什么会出现，不过它会提示人们某件事正在进行。

（三）大数据的作用

由于物联网、移动互联网络系统、社交网络平台等的发展，企业数据的迅猛增加，半结构化和非结构化的数据都将以几何倍数增加。大数据的新时代已经到来，大数据必将对信息产业、经济社会、知识产权和企业营销起到一定的作用：

第一，大数据推动信息产业创新。美国著名未来学家托夫勒在《第三次浪潮》中认为，"假如说 IBM 的主机拉开了全球信息化革命的大幕，那么大数据才是第三次大潮的华彩乐章"。大数据革命将给信息产业发展提供新的增长点。

第二，大数据分析技术将改变中国经济社会的管理面貌。大数据技术作为一项巨大的战略资产，已不同程度地服务于各个产业领域和部门，其深度运用不但促进了公司的运营活动，还促进了国民经济发展。宏观层面，大数据分析使得宏观经济决策部门能够更加敏锐地掌握宏观经济发展趋势，提出和执行科学合理的宏观经济政策措施。微观层面，大数据分析能够提升企业经营决策水平与效能，促进技术创新，为公司、行业创造价值。

第三，将大数据分析产品化。相对于传统数据服务形态，大数据分析是指一个能够发挥大数据分析价值，去辅助使用者做出更优决策的一个新产业形态。数据分析产品通常包含五大类：原始数据、衍生数据分析、计算、决策支持和智能化决定。如果数据分析产品本身的计算、决定或"思考"越多，那么用户所需要的思考将越少。

第四，专利与大数据分析。数据科学家现在可能开始通过一些专利项目，把保护知识产权当成其职责的一部分。保护专利问题可能是一个总体规划，或是基于企业自组织的研究计划。但在中型企业或技术外包服务商中的数据科学家必须保护专利，以维持自身的市场地位和竞争优势。

第五，大数据对企业营销的作用。营销人员怎样从大数据中获得有效信息，为其营销工作的推进发挥作用？这是营销人员面临的挑战和机遇。

大数据专栏 4-2:
科大讯飞铁三角：人工智能、大数据、云计算

科大讯飞股份有限公司，是一家专门从事智慧语音信息系统和编程语言信息技术、应用软件和芯片产品、语言信息技术服务和电子政务系统集成化等的国家级骨干软件技术企业，其编程语言融合技术代表着当前全球的顶尖技术水平。通过具备自主知识产权的全球引领智能语音核心技术，目前科大讯飞已提供了从大通信系统类应用领域到小嵌入式应用领域，从通信、金融服务等产业到公司和家居客户，从普通 PC 到电脑，以及可以匹配各种应用环境的服务。

一、语音交互平台 AIUI3.0（讯飞开放平台）

由科大讯飞出品的语音交互网络平台 AIUI3.0，主要包含了魔飞（MORFEI）麦克风 2.0、AIot 物联网平台、iflyOS 物联网技术等。在 AIUI 语音开放平台中，3.0 版本添加了语言识别、医疗听写等全新服务功能，将增加超过 200 个新建服务，增加的 AI 服务也将达到 100 个。魔飞麦克风 2.0 将增加分布式、能量追踪和声纹提醒等的新功能；AIot 和 iflyOS 则是由科大讯飞在针对物联网等应用领域中，最先推出的全新产品（如图 4-10 所示）。

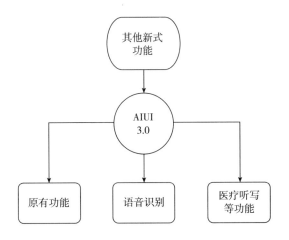

图 4-10　语音交互平台 AIUI3.0

二、建立"平台+赛道"战略，形成闭环迭代的生态体系

科大讯飞一直秉持"平台+赛道"的产品发展策略。"平台"，即为全业务贡献人工智能力量，融合后台相关内容和业务，形成闭环迭代的生态化系统。"赛道"，即"人工智能技术+应用数据分析+全应用领域支撑"，构筑了垂直门户市场或产品的"刚需+代差"优势。以科大讯飞为中心的中国新一代人工智能行业生态正不断形成。科大讯飞还在智慧教育、智慧城市、智慧汽车、智能家庭、智慧健康等诸多应用领域，持续开拓新一代"人工智能+大数据+云计算"的"铁三角"创新领域，使更多新一代人工智能与大数据挖掘领域的概念、技术和应用成功落地，成为广大消费者和政企部门都用得上、有价值的智能平台。

三、成立大数据研究院，创造"铁三角"的高价值应用

科大讯飞大数据研究院对人工智能、互联网和云计算之间的关系做了很多思考。大数据具有极高的实用价值，但需要数据分析处理和价值发现才能发掘出它的价值；云计算作为信息技术基础设施，承载了人工智能和大数据分析这种计算存储的密集型任务，从而使得企业信息化、智能服务无处不在、触手可及。在新一代人工智能、互联网、云计算三者中已形成一种互补、紧密结合的"铁三角"合作关系（如图 4-11 所示）。

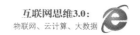

图4-11 "铁三角"合作关系

四、结论与启示

对秉承"顶天立地"发展理念的科大讯飞而言，社会价值先行不仅是公司的日常行动，更是"用人工智能建设美好世界"的必然需求。科大讯飞深耕于人工智能领域数年，已经成为行业的领军人物，其希望不断推动技术进步与未来革新，以带动社会进步和发展。未来的信息化服务必须是将新一代人工智能、互联网与云计算技术紧密结合的，从海量的学习数据中自主学习，在实际生活中获得触手可及的智能信息服务。人工智能的不断发展，虽然还存在一些问题，但同时是个极大的机遇。科大讯飞应顺应时代变化，发挥自身优势，提升在全球信息价值链中的地位。

（资料来源：笔者根据多方资料整理而成）

第三节　大数据：预测未来，领先一步

随着信息技术革命的深化，在大数据时代进行赛事预测变得越来越容易，而人们的日常生活也被大数据分析预测所影响。在世界杯期间，各技术公司运用大数据分析预测赛事成果，重现了"章鱼保罗"的雄风。世界杯虽然落幕了，但运用大数据分析预测未来的时代还在延续。

一、预测是大数据的核心价值

人们在谈论信息的收集、存储与挖掘时，最普遍使用的案例就是预知股市、预知流感、预知消费群体，而预测性数据分析是人工智能的核心功能。大

数据挖掘预测则是指通过大数据分析方法和预测模式，去预估未来某件事情的概率。

二、从天气预报看大数据预测的四个特征

在互联网出现之前，便有基于大数据分析的预测分析工具——天气预报。互联网出现后，天气预报所代表的大数据分析预测中的特征将在更多应用领域有所表现。

中国科学院院士、中国科学院大气物理研究所研究员曾庆存表示，得益于数字技术的进步，我国天气预报从经验预报时代迈进了数值天气预报时代，全国24小时晴雨预报准确率已达87%，暴雨预警准确率提高到88%。天气预报的预测可分为五个步骤，即收集数据—数据同化—数据模拟—输出处理—结果展示。在数值天气预报的基础上，我国逐渐发展出短期气候预测系统，并将最终建成研究和预估全球气候和生态环境变化的"数值模拟装置"。在数值天气预报的支持下，我国已经实现了多个登陆台风的人员零死亡报告，极大保护了公众的生命财产安全。

第一，大数据分析预测的时效性。气象预报粒度将由天缩短至数小时，有了更加严格的时间要求，基于海量历史数据通过传统方法进行推算，待明天的结果计算出时明天已经到了，预计结果将毫无价值。

第二，大数据分析预测的重要数据源。现代气象预报体系需要采集的海量天气数据是由气象卫星、地面气象站台等负责采集的，而整个体系的部署与运维费用相当庞大。在互联网之前，很少有领域具有如此庞大的数据获取能力，移动互联的出现实现了随时随地和多设备进行数据传递，每个领域演化数据的获取成本都大大下降。

第三，大数据分析预测的动态特性。由于不同节点的统计因子是动态变化的，每一个变数都会导致整个体系的改变，甚至产生蝴蝶效应。一旦一个对结果起决定性影响的变数无法捕获时，则预计将难上加难。譬如，人为因素。大数据分析预测的使用场合都是极不稳定的领域。

第四，大数据分析预测的规律性。大数据分析预测和传统抽样预测的区别在于，大数据分析预测通过比较海量的历史统计和真实的动态统计，找到了统计和结论中的规律性，并假定此规律性会一直持续，在捕捉到变量之后再做出预测。一个领域内本来具有相对固定的规则，大数值预测才有机会得以运用。

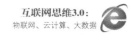

三、大数据预测的典型应用领域

互联网发展为大数据分析预测的普及提供了有利条件。大数据分析核心的使用价值之一就是预测，其核心逻辑就是，按照过往的统计法则，通过整合、分析历史数据与即时数据，可以预见未来将要发生的重大事件。

第一，体育赛事的预测。在世界杯期间，谷歌、百度、微软和高盛等公司都上线了大赛结果预测平台。现在的互联网公司犹如"章鱼保罗"，它们认为未来的体育运动发展将被大数据分析完全预测到。

第二，市场物价的预测。大数据分析也可以协助人们掌握未来的物价趋势，并及时预见通胀或经济危机。最经典的例子莫过于马云通过阿里巴巴 B2B 大数据分析提前预测到东南亚金融危机。对于单个产品的价格预测也比较简单，特别是机票之类的标准化商品，去哪儿提供的"机票日历"属于价格预测，可以告诉出行者几个月后机票的大致价格。

第三，身体功能的预测。中医学能够利用"望闻问切"来诊断患者身上潜伏的慢性病，甚至可以推断某个人将可能产生的身体问题。由于人的体征变化有一定规律性，在慢性病出现之前身体就会有某些持续性的异常情况。理论上而言，一旦通过大数据分析掌握了这些健康异常情况，就能够实现慢性病预警。

第四，疾病、疫情的预测。根据人们的搜寻情况、购买行为便能估计大规模疾病出现的可行性，最典型的"流感预报"便属于此类。假设一个地区的"流感""板蓝根"搜索需求增多，人们就能够推断出该地的流感发展趋势。

第五，用户行为的预测。通过对用户的搜索行为、访问行为、评论历史和个人资料等数据进行分析，互联网行业能够洞悉消费者的整体需求，从而做出针对性的商品生产、调整和推广。百度根据用户偏好开展精准营销、阿里巴巴根据天猫用户特点定制商品、亚马逊预测用户的浏览行为并及时发货等都是受益于对用户行为的预测（如图4-12所示）。

第六，灾害与灾难的预测。天气预警是最典型的灾难灾害预测。地震、洪水、高温、风暴等自然灾害，一旦能够运用大数据分析能力做出较为及时的预测与告知，便可以有效减灾、防灾、救灾、赈灾。

第七，环境变化的预测。除了开展短期和微观的气象、自然灾害预测之外，还可以进行更为长期和宏观的环境与生态演变预测。森林和土地面积的减少、

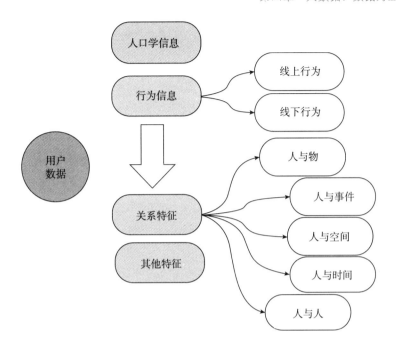

图 4-12 基于大数据的用户行为预测

野生动物植被濒危、海平面上升，以及温室效应等都是地球上所存在的"慢性问题"。

第八，城市交通行为的预测。根据用户个人和交通工具的 LBS 位置数据，通过分析城市交通的个人和群组特点，可以对城市交通行为进行预测。交通部门还可以预估不同时点各条路线的总车流量并实现智能车辆调配，如使用潮汐车道；道路使用者也可以根据预测结果，选取交通拥堵概率较小的路线。

第九，能源消耗的预测。我国智慧电网已经在用大数据分析估计能源消耗。如九次方电力治理大数据分析平台，利用功耗计算管理、电能在线监控、电能数据分析、功耗指数管理工作、分析与警报管理等功能，完成在互联网时期对电力管理系统的有效调整和管理。企业一旦预测在某一区域或某一时段的耗电量变化，就可以及时进行调整（如图 4-13 所示）。

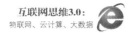
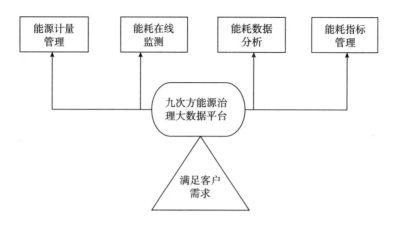

图 4-13   九次方能源治理大数据平台

大数据专栏 4-3：

拓尔思：从"数据到智慧"

拓尔思集团是中国国内领先的人工智能与大数据分析科技公司和大数据服务供应商，在中文信息检索、自然语言处理等技术方面一直居于全球领先水平，是中国首家在 A 股挂牌的大数据分析科技公司。拓尔思以"大数据分析+人工智能"作为研发策略，力求协助用户完成从信息洞察到智能决策的跨越。拓尔思的核心业务分为软件系统开发、业务应用解决方案及数据分析挖掘云业务三个领域，涵盖大数据处理、信息安全、网络营销以及人工智能等技术领域。

一、"大数云智"产品

在"大数云智"的新闻发布会中，拓尔思公司正式推出了九大新产品，分别包括技术支撑平台、行业应用产品和大数据智能云端平台三个类别，并与政务、传媒、信息安全、金融服务等众多行业的客户代表和行业专家约 500 人，共享了大量相关的实践经验与应用案例。

拓尔思发布的系列新产品包括：象征着大数据时代发展趋势的搜索引擎 TR-SHybase，提高了传媒信息市场价值密度的 TRS，传媒信息大数据挖掘云业务 V2.0，把用户行为转化成营销机会的 TRS 网脉用户行为数据分析云服务 V3.0，面对全网即时态势观察的 TRS，网察网络舆情云业务 SMAS2.0 等（如图 4-14 所示）。

图4-14 拓尔思三款云业务及其特点

二、构建 ABC 融合生态圈

拓尔思 ABC 融合生态圈的未来发展目标蓝图：遵循"数据—资讯—认知—智能—智慧"的价值升级发展路线，从大数据分析、云端服务到人工智能，积极引领客户需求，成为中国国内外大数据分析与人工智能应用领域缺一不可的中坚力量。依托拓尔思自身"互联网+人工智能"先进科技为内核，以产业经验和海量大数据分析为资源，推动各分公司、成员公司及全球生态合作伙伴的深入联合和快速发展，把拓尔思"ABC 融入全球生态"做强做大，帮助最终的产业应用实现由数据分析管理到大数据分析智能，以创新服务价值达到大数据分析变现的目标。

三、结论与启示

拓尔思互联网态势与感知云端服务平台，具备对文本、图像、音频等各类型信息的收集与检测功能，可研究不良信息的传播来源、传递途径、形式、社会影响，并可关联分析网络和账户的经营状况、模式等，发掘恶劣网络和账户。同时利用大数据分析与云计算技术、深度学习、语义识别、可视化显示技术等新科技的融合，通过多维评价恶劣网络，为恶劣网络与信息的处置提供客观、科学的理论基础。拓尔思历经二十余年的长久沉淀，在强大数据挖掘和自然语言处理等技术领域，有着丰厚的技术积累和大量的成功案例，已咨询服务企业级客户数量达五千余家，是业界认可的有内功又有效益的实力派公司。

（资料来源：笔者根据多方资料整理而成）

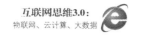

第四节 大数据商业模式

当大数据成为发展趋势，怎样最大限度地实现互联网价值成为人们必须深思的问题。不管对互联网公司、电信运营商或者规模数量庞大的初创企业来说，大数据分析的变现都尤为重要。谁能早一步发现商机，谁就可以抢占市场，从而获得迅速发展。

一、大数据变现模式分析

大数据分析的运用也扩展到了人们日常生活、工作和学习的方方面面，越来越多的大数据分析企业变现方法也慢慢地被发掘和运用，有些大数据分析企业已经能够扭亏为盈。

（一）B2B 数据交易市场

目前，中国主要有三个 B2B 数据交易平台模式：中关村数海大数据交易、贵阳大数据交易所和上海数据交易中心。未来，随着线上交易机制的完善，确权、安全和定价等问题的解决，将促使线上的交易平台成为数据需求方和供给方对接的新渠道，海量的线下数据合作将逐步向线上迁移，加速数据的流通和应用，拓展企业间合作的新渠道。

（二）专业的数据加工者：咨询与分析报告

麦肯锡、波士顿咨询、易观国际和艾瑞等公司采用了咨询类型的业务模型。而它们的研究结果所产出的商业价值则是数据分析报告。数据分析报告的主要价值在于，其所分析的成果具有总结性和前瞻性。

万德数据分析业务（Datafeed）是全球市场的精准金融数据分析服务供应商，为量化投资金融市场及各种金融服务系统进行精准、有效、全面的落地数据分析。具体内容包括对股市、证券、基金、衍生品、价格指数、宏观经济产业以及各种金融市场财务数据进行分析。

（三）数据挖掘云计算软件

云计算技术的诞生，给中小企业分析海量数据提供了更廉价的解决方案，而 SaaS 模式正是云计算技术的较大吸引力之一。在云运算业务中，SaaS 应用还包括了提供数据发掘、大统计清洗业务等第三方软体和插件。业界有专家学者认为，海量数据分析包括海量数据、分析环境和数据挖掘工具，可使用强大的各有千秋的数据分析软件来进行丰富多样的统计发掘业务。

（四）大数据咨询分析服务

机构以及公司规模越大，其所占有的金融市场信息量也越大，不过极少的企业像大型互联网企业一样有自己的大数据分析队伍，所以就必然出现一些专业化的大数据分析咨询服务企业，这种企业可以提供根据企业管理咨询的大数据分析模型、商业模式转变、市场营销战略等。

（五）数据查询，将数据变成一种产品

搜索类的大数据分析企业很多，包括天眼查，以及一些新兴的企业。天眼查询系统是一个主要查询中小企业工商登记信息的系统。

（六）自有平台大数据分析

随着大数据分析的价值被行业越发认同，有着广泛客户群的大中型公司也开始研究、建立自有网络平台来研究人工智能，并植入公司内部的 ERP 管理信息系统中，以大数据分析技术来指导公司内部决策、经营、现金流管控、市场拓展等，并发挥公司内在价值链增值的重要功能。

（七）大数据投资工具

证券市场行为、各类指数与投资者的分析、判断及情绪都有很大关系。2002 年的诺贝尔经济学奖由行为经济学家卡尼曼和实验经济学家史密斯获得，行为经济学开始被主流经济学所接受，行为金融理论将心理学尤其是行为科学理论融入金融中。现实生活中拥有大量用户数据的互联网公司将其论坛、博客、新闻报道、文章、网民用户情绪、投资行为与股票行情对接，研究的是互联网的行为数据，关注热点及市场情绪，并开发出大数据投资工具，如大数据类基金等。这些投资工具直接将大数据转化为投资理财产品。

（八）定向采购线上交易平台

数据分析结果很多时候是其他行业的业务基础，国内目前对实体经济的电子商务化已经做到了 B2C、C2C、B2B 等，甚至目前 O2O 也越来越流行。但是对于数据这种虚拟商品而言，目前还没有具体的线上交易平台。如服装制造企业针对某个省份的市场，需要该市场客户的身高、体重的中位数和平均数据，那么医院体检部门、专业体检机构就是这些数据的供给方。通过获取这些数据，服装企业可以开展精细化生产，以更低的成本生产出贴合市场需求的服装。假想一下，如果有这样一个"大数据定向采购平台"，就像淘宝购物一样，可以发起买方需求，也可以推出卖方产品，通过这样的模式，外加第三方支付平台，"数据分析结论"这种商品就会悄然而生，这种商品不占用物流资源、不污染环境、快速响应，但是却有"供"和"需"双方巨大的市场。而且通过这种平台可以保障基础数据安全，大数据定向采购服务平台交易的不是底层的基础数据，而是通过清洗建模出来的数据结果。所有卖方、买方都要实名认证，建立诚信档案机制并与国家信用体系打通。

（九）非营利性数据征信评价机构

在我国公民的个人信息保护被列入刑事案件范畴之前，公民信息往往被以明码标价的形式公开贩卖，从而形成了一种"灰色产业"。公民的个人信息在各类中介机构、钓鱼网站、网络论坛上售卖，这在一定程度上是因为，在数据信息交换以前是根据交易所规定的标准进行了大量数据处理，但交换人员从根本上是不能监测全国海量数据信息的。

（十）商业运营工具：移动统计分析、店铺分析

移动互联网的发展产生的数据量呈现爆发式上升，目前做移动互联应用数据分析、App数据处理的企业已经不下20家，其中，腾讯、阿里巴巴、亚马逊、谷歌、百度等老牌的网络企业，都在不断地发布着自己的移动互联数据分析工具，这也表明了移动互联数据分析工具至关重要。

（十一）垂直领域实现"大数据+传统行业"

众多产业基本都能够通过大数据技术进行"互联网+"。大数据往往是以第三方、工具、平台等形式出现。商业模式可以按需或按时间段付费。例如，星图数据和奥维云网通过对电器公司财务数据的解析，既能帮助电器公司提早预知下一季的爆款商品，也能分析出目前市面上家用电器的销售状况和渠道的运营状况等。

（十二）数据平台管理DSP、广告精准推送、精准营销

我们都置身于数据经营的网络时代：从公众号下面的付费广告，到网页上面的竞价展示；从有心搜索的供求信息，到无心收集的匹配数据。不管你是否察觉，一个巨大的数字营销就在其中。

在广告营销领域，大数据分析已经变成了"神器"。大数据分析所带来的效果就是"助力型"的催化剂，用更少的金钱得到更多具有经济价值的客户，这就是大数据分析的体现。数据分析量越大，机器学习的方法越精确，所触达的客户及产品就会越佳，广告营销的成效就会越好。在4A网络广告企业，甚至在部

分广告销售企业里，大数据分析也是它们的核心能力（如图 4-15 所示）。

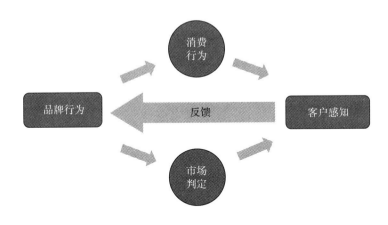

图 4-15 大数据的精准营销

大数据专栏 4-4：
久其软件：聚焦大数据分析的技术服务提供商

久其软件凭借卓越的大数据技术实力，被阿里巴巴、华为、腾讯、联想集团、微软（中国）等大数据产业的代表企业评为"中国大数据企业 50 强"。这也是久其连续三年荣获此殊荣。久其软件主要在电子政务、企业管控、数码宣传等应用领域，为用户创造具有竞争性、安全性的软件产品，并依托长期积淀的信息技术、数据管理、文化宣传和生态管理体系，专注于以全产业解决方案和对整个产业链的服务，为用户赋能。

一、全面布局大数据业务，形成完善的产业链条。

久其从创立之日起即与大数据管理结缘，现已逐渐发展为多样化、拥有独立知识产权核心技术和综合集成实力强、资本运作实力强的平台企业，久其作为生态链条的打造者、引领者与主导者，为客户真正提供数据信息管理和大数据分析方面的高价值服务（如图 4-16 所示）。

久其软件依赖以大数据为代表的云计算技术才得以获取 TB 计算的海量数据，并以分布式方式对其进行处理与关联，最终拿出复杂而准确的分析结论。因此，久其软件做出了以下几点策略定位：

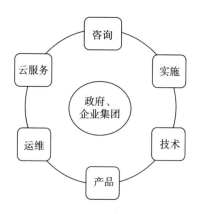

图 4-16　久其软件大数据生态平台

第一，积极布局核心技术开发创新。大数据分析的科技门槛较高，但目前中国大数据分析行业多为在信息储存、大数据分析等技术领域中具有传统优势的 IT 企业。

第二，面向大数据分析领域。通过强化对网页搜索技术、知识计算（搜索）技术、数据库管理技术等核心技术的研究，发展出了优秀的单项信息技术产品。

二、发展民生大数据分析应用

久其软件将着重服务于"大数据+民生"，主要针对帮扶、医疗、助残、教学、健康、林业、农业和公共交通出行等社会民生需求开展服务。

久其软件系统已在多项信息化工程中应用，久其利用自有的大数据分析技术，进行大数据资源共享和资源利用，以助力企业推动国家行政决策工作科学、合理。

公司的最新产品"久其小久智能分析机器人"在创新力、贡献力、实战力、发展前景和普及性的竞争中通关斩将。久其小久智能分析机器人融合了语言辨识与自然语言处理技术的自助式人工智能分析工具，能够理解用户的自然语言输入，为用户智能推荐分析模型，自动完成数据分析处理和展现。

三、结论与启示

久其二十多年来一直耕耘于电子政务、集团管控、数字传播等领域，借助专业的行业洞察能力和差异化的解决方案，与客户实现共创、共生和共赢。目前，久其的产品与解决方案已在财政、国资、民生、交通、教育、司法、建筑、能源、通信等众多行业得到广泛应用。久其软件期待通过管理软件，乘着"十四五"的东风，助力推动中国政企数字化转型升级。

（资料来源：笔者根据多方资料整理而成）

二、大数据应用的六种商业模式

每一种新的产业都会产生出多种运营模式，每一种运营模式都能有机会实现盈利，大数据作为一种新型产业，就必须创新、开拓和优化改进，不断挖掘出有价值的运营盈利模式。在大数据分析领域，不管企业规模多少都有可能"小而精""快而准"地根据某个产业的现实需要，创新出彻底改变企业产业布局，甚至彻底改变人类生产生活方式的颠覆性产业。

（一）企业数据自营模式

企业数据自营模型的最大价值就是通过数据分析结果做出商业决定，通过不断改进原有商品、引进创新商品和预测公司的发展方向让公司不断获取收益。不过这种商业模式仅适合于部分公司，而不适宜全部公司。适用的公司必须是涵盖了大数据分析行业链的各个环节，集数据产生、储存、管理和使用于一身，建立了完善的行业链循环系统。

（二）数据租售模式

数据租售模式，实现了对信息的增值利用，将信息变成了可供买卖的商品，对掌握大量信息的公司而言，有着先天的优势，因为无须加工、处理数据，即可获得信息变现收益。

（三）数据平台模式

通过构建网络平台，实现大数据的分析、共享和交换等功能，为用户提供便捷的个性化平台服务来获取收益。大数据平台模式主要包含了数据分析平台模式、数据共享平台模式以及大数据交易平台模式。数据挖掘平台模式是指采用灵活租赁的方法，为应用提供大数据储存、数据处理运算以及统计分析服务的平台业务。数据共享平台模式则是指平台提供商通过运用其掌握的大数据资产，为应用提供云数据库、数据推送、数据分析集成等业务，同时通过开通数据分析接口、提供研发环境等，供开发者实现基于大数据分析的应用研发并获得收益分成。数据交易平台模型是指由第三方平台提供者与数据拥有者和需求者之间进行数据、交换的服务平台。

（四）数据仓库模式

通过整合各种各样的大数据资源来为公司提供帮助，进而获取巨大收益。这种商业模式也被称为数据仓库模式。这种运营模式一般要求拥有决策支持工具和优秀的数据分析人员，以协助公司实现自动化改进流程和监控时间、成本、品质等。这种运营模式适合于投资决策类公司，以协助用户迅速做出合理的决定，达到投资回报率的最优化。

（五）数据众包模式

数据众包模型从大数据分析的视角来看，企业应从创新产品设计领域着手，从产品设计到消费者，企业通过收集有关消费者设计的大量数据，通过数据分析评估寻找出最好的设计产品，并利用社会资金增强企业的技术创新和产品开发能力。这就需要公司具备相应的设计创新和产品开发技术。

（六）数据分析外包管理模式

数据分析外包管理模式是指企业把大数据分析采集、信息处理等服务环节剥离开来，直接外包给专门的管理机构，通过优化企业资源，降低成本、提高企业竞争能力。数据分析外包管理模式一般分为策略外包和信息技术外包。这种商业管理模式，需要公司人员具备一定的专业技术知识背景、世界领先的大数据分析技术以及优秀的分析应变能力，才可以游刃有余地处理各类企业的决策问题以及各种技术问题。

三、跨越：3.0时代大数据模式创新

谈论大数据时代的到来，绝不仅仅是几个人或者几家公司就能用大数据代表这一时代的到来，而应是每一个科研团队和创业企业都能从中获益。但如何做到呢？唯有集成。大数据1.0时代的内部资源控制管理和2.0时代的外部资源布局利用，通过建立一个开放、动态的系统，吸纳融合更多的企业，形成了大数据共享机制，以合作式竞争的态度共同迎接3.0时代大数据模式的跨越。但是在建立生态系统的过程中，必须要关注三个问题：

（一）定价问题

能否在有效保护隐私和信息监管的情况下，建立所谓的"数据淘宝"，在这个平台上可以自由地上传和下载数据，同时实现自由定价。针对科研数据和一些非敏感数据，一家名为"数据堂"的企业，已经基本实现了上述设想，并且通过众包的方式生产出了很多高质量的数据。

（二）软件问题

能否产生相关的大数据运营商，提供存储和计算功能，以及一些必要的分析

工具和软件。整体来看，大数据运营商可以说是数据管理平台（提供基本分析工具）、数据交易市场（提供分权限的数据交易）、数据创新工场（提供数据深度加工的能力）和大数据创新生态环境（通过数据、能力和资本吸引"数据客"进行创新）等多项集成的发源者。

（三）平台问题

能否形成数据挖掘竞赛的平台，把问题、人才和方案集中起来。在一家名为"数据城堡"的平台上，曾有一个总奖金额度仅为 5 万元的"学生成绩预测"比赛，但是一个月内就吸引了多支队伍、几千人参加比赛，甚至还有来自海外的代表队。

第五节 大数据的未来发展：新生产力要素

人们已经站在了 IT 行业大转型的重要节点上，云计算能力与大数据分析的发展，推动了 IT 行业生产力发生巨变；生产力的变革使很多科技和模型都有了新鲜的血液；同样，网络与社交也存在着重构，谁能认清新趋势，谁能把握变革先机，谁便能掌握更大的投资筹码。

一、生产力之变革：系统架构+数据+人

在互联网时代，产业生产力变革成了"系统架构+数据+人"。云计算带来的计算、存储资源集中化效应，以及数据量的激增，支持云计算和大数据的基础——系统架构在 IT 产业发展中发挥了越来越关键的作用。新生产力三个要素可被看成一整个系统，更多的人参与修改、维护、升级这套系统，同时，依靠海量数据来完善这个系统，提升系统性能。

二、计算范式之变革：数据中心计算

事实上，这个产业的生产力变革也就意味着设计范式的变革。如前文提到的，计算技术、存储资源集中性功能，以及强大数据处理的储存与管理功能，将在系统结构中扮演越来越重要的角色，而这一现状也说明了设计范式的变化。运算模式也逐渐由桌面系统（即单机计算）向数据中心运算演进。范式的变化也同样造成了软硬件产品设计原则、设计思路的巨变——整个信息技术产业的技术

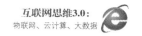
根基，都在进行着剧烈变革。

比较数据中心运算和单机计算可知，在操作系统设计上最大的重要变化在于解决容错问题的思想。在单机设计中，操作系统必须是越安全越好，一定要在操作系统内部加入数据冗余信息和校验逻辑，这样在发生出错问题后还能修复。

三、社会之变革：重构互联网

云计算与大数据技术已经带动了类似于 IT 生产力、设计范式、开发方式等这样偏结构与技术上的变化，它最大的意义就是让整个社会进行创新和转型。而要让整个社会变革，就必须通过云计算和大数据重构互联网。

目前，信息与各种资源都是离散的，必须以云计算技术为根本，并融合、连接来自各种渠道的大量信息，而这部分信息又被分割到各个装置上、各个应用中，加之计算资源也非常散乱，所以网络就必须重建。重构网络的关键问题就是打造统一的云端操作系统。真正的云端网络平台其实就是一套人人共用的统一操作系统，把各种数据信息、业务、应用等都整合在了同一个网络平台上，以建立一种大规模、协同创新的服务平台。

人和机械合一后形成的这种"生存体"，实际上是把最终的结局和产生这种结局的起因联系在一块，这种"生存体"将会迅速进化。据悉，百度一直在尽力地促进各类信息聚合、连接起来，从而促进百姓生活以及整个经济社会的改革和发展。

四、大数据的发展趋势

大数据已然成为全球变革的主要动力，无数据不智能，无数据不经济，任何一家公司都无法避免数据化这一进程。

大数据分析将提供的重要战略机会，一是新型信息融合研究新焦点，会在未来产生相当大的商务价值。二是信息技术领域持续高速成长的新引擎，将对数据存储行业的发展及整合设备市场形成重要推动力，同时大数据挖掘市场也将获得更良好的发展前景。三是用户实力将得到进一步增强，可以更好定位到公司自身的目标市场，从而扩大公司未来的市场占有率。

1. 趋势一：数据的市场化

一旦大数据走进了人类的日常生活，所有大数据都将变成资源，而掌控了数据资源的人也将掌握较好的市场。日本的研究者曾提出了"生活者"的概念，意思是，由于社交媒介的产生，消费者已不再是单方面接收资讯的买方，而是把一切与日常生活相关的资讯均置于社交媒介上的新生命体。在这时，不仅是商品信息，消费者的兴趣、年龄、收入、商品反馈等，都会被纳入商家大批量生产新商品时所需要考量的要素。但对于成千上万的消费者，一般信息数据管理方式已无法满足需求，这时就需要由专业的大数据企业建立用户数据中心，并通过大数据技术手段，更为精确地掌握用户信息，从而为公司带来意想不到的收益。

2. 趋势二：与云计算、AI 的深度融合

互联网用户呈现出了爆炸性增长，而传统的信息计算能力显然已无法满足现在如此巨大的用户基数，于是具备着巨大信息计算能力的云计算技术和新一代人工智能 AI，将成为大数据分析技术的好伙伴。原本需要很长时间才能处理的大数据分析，在云端运算的帮助下，可以快速处理好，从而大大提高了公司、政府部门以及社区机构的工作效率。除此之外，随着物联网等新兴信息技术为大数据分析提供数据来源，大数据分析技术的结果的准确性也将逐步提高。未来，大数据分析的科技发展趋势将和物联网、虚拟现实、人工智能等新兴科技应用领域的联系更加密切，物联网的蓬勃发展将大大提升数据分析的获取能力，而云计算技术和新一代人工智能也将进一步深入整合大数据分析系统，融合创新将会持续出现并不断深化。

3. 趋势三：数据泄露处于巅峰时期

大数据分析从哪儿来的呢？当然是在各种应用中提炼出来的，从而为社会运行、企业盈利带来效益。与此同时，许多问题就产生了。用户的个人信息被电脑一股脑儿地抓取，人们的隐私也随之曝光。随之而来的，就是社会伦理上、司法上对大数据的争议，不少相关纠纷也由此开始。在运用大数据时，人们不得不更加谨慎，必须完善数据所有权、隐私权等有关立法，以及数据安全管理、开放与数据共享等的标准规范，并构建起兼顾安全和发展的数据开放、管理与数据安全保障制度。

4. 趋势四：数据管理和质量成为核心竞争力

在全新的数据时代，数据已经渗透到每个行业和业务职能领域，成为重要的生产因素。人们对于海量数据的挖掘和运用，预示着新一波生产率增长和消费者浪潮的到来，整个世界已经迎来了大数据时代。在数据驱动的信息化时代，企业只有将核心业务数据更好地掌握在手中，才能从中萃取更大的业务价值，进而优化品牌管理，打开市场新渠道，打造企业核心竞争力，而主数据管理（Master

Data Management，MDM）就是挖掘这些价值的重要手段和工具。大数据的核心问题不是数量大，而是质量高。把主数据管理解决方案作为大数据背景下的企业数据治理和提升数据质量的工具，可以确保核心数据的质量和真实性，企业可以更好地洞悉业务数据中所隐藏的价值，真正把大数据转化为大机遇。

5. 趋势五：科学理论的突破

由于大数据分析的迅速发展，就像电脑与网络那样，大数据分析时代很有可能是新一轮的科技革命。随之发展的数据分析发现、机器学习和新一代人工智能等相关科技，可能会彻底改变大数据分析世界的许多算法和理论，从而实现科技的重大突破。

6. 趋势六：数据科学和数据联盟的成立

未来，大数据科学将作为一门专业的学问，被更多的人所了解。各大院校将会开设专业的大数据科技类专业，社会上会产生一些与此相应的新兴就业岗位。与此同时，基于大数据分析这个基本平台，也将搭建起跨领域的资源共享平台，资源共享将延伸至企业层面，并作为未来行业的核心一环（如图4-17所示）。

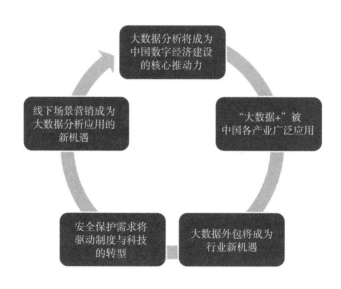

图4-17 我国未来大数据发展趋势

大数据技术作为一项巨大的战略资产，早已在不同程度上渗入各个产业领域中，其深入运用不仅有利于发展公司的管理活动，还可以促进国民经济的增长。这对促进电子信息产业发展、改善经济管理面貌等方面意义重大。

【章末案例】

美亚柏科："电子取证+大数据"的双轮驱动

一、公司概况

美亚柏科创建于 1999 年，目前公司总部设在厦门软件园二期，主要服务于国内外的司法机关及行政执法机关。当前，集团已将大数据分析与新型人工智能两大前沿技术融合，并着力于发展电子数据取证、互联网保护和分布式信息三项核心技术，延伸出了网络空间安全、大数据分析智能、互联网保护分布式信息，以及智能装备制造业四个主要产业方向。服务范围涵盖了我国各地区和一些"一带一路"沿线国家及地区。

美亚柏科坚持走主动研究的技术创新发展之路，公司全年的研究投资占总销售收入的 15% 左右，研究人才占总职工人数的 70% 以上。在公司高强度的研究投资与高层次人才培养驱动之下，截至 2019 年 9 月 30 日，公司已累计获得相关部门授权的专利权 284 项，包括发明创造专利权 158 项，实用新型专利 53 项，外观发明创造专利权 73 项；参与编制国标 5 部，主持编制行业标准 1 部，参与编制行业标准 8 部；承接了我国"十一五""十二五""十三五"科技支撑计划课题。美亚柏科被评为"我国高新科技中小企业""我国创新型试点企业""我国知识产权示范性中小企业""我国应用软件和信息咨询服务整体综合竞争性百佳中小企业"等。

二、与公安系统深入合作，逐步成长为电子数据取证领域龙头

美亚柏科从创建伊始便致力于电子数据取证领域，经过近 20 年的默默耕耘，现已发展为中国境内电子产品取证行业的龙头和互联网信息化技术专家，并且建立了"四个产品销售"和"四个售后服务"的经营管理体系（如图 4-18 所示）。

企业以电子信息数据取证设备为主要突破口，在深入了解各种数据分析的基础上，建立了"数据理解—数据获取—数据分析运用资源共享"的全产业链格局。

目前，国内对电子数据取证产品的需求，主要来自公共安全管理系统的网安部门、省部级部门、设备较先进的部门。

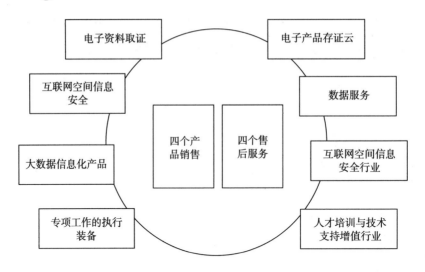

图 4-18　美亚柏科的经营管理体系

随着大数据科技的迅速发展，大数据分析应用已经全面启动，公司内部已开始利用大数据分析开展企业经营的分析、预测与决策。推进落实国家大数据战略，加速健全国家数字基础设施，促进大数据资源整合与开放共享，维护国家数据安全，积极推进构建数字强国，以更好服务国家经济发展与民众生活，地方政府也将步入国家大数据建设加快发展的崭新阶段。

三、主动布局公安大数据和城市信息化业务

公司将依托企业信息资源优势、公共安全信息渠道资源优势，整合大数据分析、搜索应用领域的技术，开展优质平台构建和信息系统资源建设，并打通由前台采集与后台数据信息识别的壁垒。同时公司积极参与了应急、消防、安全信息系统监测应用领域的平台构建；按照"三局合一"的标准对"金融市场、金融监管与金融服务信息化综合应用网络平台"做出调配，完成网络平台的数据信息资源共享、手动发布等功能；全面提升了"互联网交易监管信息系统"，进一步充实了各项信息系统的监控能力。企业还参与了"交通信息化""信用""智能查账"等大数据分析平台的构建工作；与国家发展改革委、国家经济信息中心和全国各地级市政府相关部门等合作开展了宏观决策的大数据挖掘、地方政府情报分析、国际互联网态势分析等大数据服务（如图 4-19 所示）。

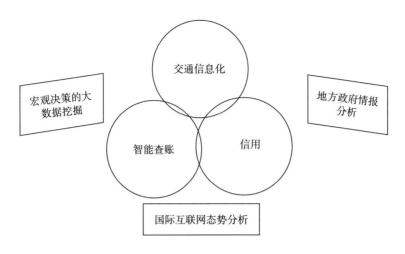

图 4-19 "三局合一"大数据服务

四、抓住研发创新命脉以稳步提升

美亚柏科拥有自主的科技内核、四大产业方向以及相关基础技术支撑的业务产品。在美亚柏科被美国纳入"实体名单"后，立即推出"破冰行动计划"，以加快产品国产化制造进度。公司已经建立了稳定安全的电子大数据取证装置和大数据处理平台国产替代方案，并对"卡脖子"技术进行了突破。目前，美亚柏科共有九大商品系统，90 余个商品。在北京举办冬奥会期间，美亚柏科作为北京冬奥会网上安保力量的主力军，为北京冬奥会的疫情防控工作给予了很大帮助。

五、结论与启示

在全球新一轮科技革命的大背景下，大数据已成为国家重要的基础性战略资源，正引领新一轮科技创新，推动社会经济转型发展。围绕着数据资源开展的基础设施建设、数据汇聚整合、数据分析处理、数据开放共享和数据安全，已成为大数据产业发展的核心要素。目前，大数据被广泛应用于社会的各行业、各领域。大数据行业正处在高速增长阶段，无论是数据存储规模还是整个行业的市场规模都在迅速成长，行业发展潜力巨大。

第一，抓住发展势头，争当领军企业。近年来，美亚柏科董事长不断抓住发展机遇，坚定了发展与壮大步伐，在董事长的带领下，美亚柏科已经发展成为国内电子信息取证行业龙头、公安大数据处理领军企业、网络空间安全服务和社会

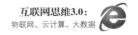

管理技术应用领先企业。

第二，健全公司架构，引领未来发展。美亚柏科董事会将进一步充分发挥战略导向与风险控制的功能，进一步健全公司管理架构，进一步完善董事会建设工作，促进企业运营绩效的稳定提高。

第三，坚持合规、科学、有效的经营理念。美亚柏科不断提高公司发展品质、可持续发展能力和产业实力，以可持续发展的运营绩效回馈公司、服务社会，为公司、社会和顾客提供最大价值，并给员工带来获得感、幸福感。

（资料来源：笔者根据多方资料整理而成）

第五章

共享经济：连接流量、关注共享

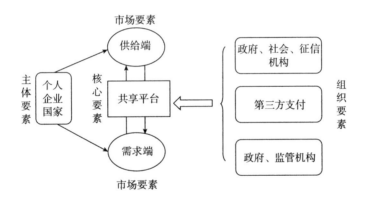

【**开篇小语**】 新兴的经济模式——共享经济已经潜移默化地改变了人们的工作、生活、消费等方式。共享经济完成了质的飞跃。网约车使人们不再需要"招手"，也不再惧怕"新手"；手机电量告急不必惊慌，有随处可借的移动电源；人满为患的医院不再拥挤，网上医院已悄然兴起……共享经济带来的变化不胜枚举，人们也可以感受到它的无处不在。共享经济也正以其蓬勃的生机不断推动着社会的发展。

经济发展已经走入了一个新的时期，以人工智能、物联网、区块链为代表的

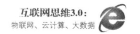
新一代信息科技，正成为推动经济进步的新引擎、新动力。推动信息化服务于社会，就要实实在在地让大数据资源成为"水""电"等生产资料，从而让更多的社会组织共享数字经济红利。

——张近东

【开章案例】

猪八戒网：国内外遥遥领先的一体化服务网络平台

一、公司概况

猪八戒网（zbj.com）于 2006 年成立，目前形成了包括八戒网、天蓬网，以及线下 Zwork 社区在内的"双网络平台+一社群"经营体系，已成为业内数一数二的人才资源共享网络平台。猪八戒网首创了为人才和雇主服务的双边交易模式，通过采用线上与线下数据互动的大数据挖掘形式，实现了人才和雇主之间的精准互动。猪八戒网是人力资源信息匹配的国际性平台，做到了人才与雇主精确地无缝对接。猪八戒网为人才匹配国际性机会，依托专业孵化技术为每一位人才赋能，助力他们打破时空限制，最终达到"我在猪八戒，服务全人类"的最高目标。与此同时，猪八戒网通过整合平台上专业技术人才资源，提出了新的"互联网+服务行业"解决方案，让雇主可以在该平台上"找专门的人做专门的事"，从而更专注于自己的核心业务、提高工作效率。

猪八戒网始终致力于创建企业共生的业务平台服务模型，通过"大数据+网络信息平台"和线上线下服务生态的协同建设，深入产业互联网应用领域，深耕服务行业，并实现培养更多年收入过亿元的服务型企业，共同创建服务行业新经济大生态。经过 10 多年的奋斗，猪八戒网在具有个性化定制的、非标准化的、严重低频的，而且买家特别分散、非常不专业的服务众包领域创造出了一个百亿元市值企业。猪八戒网通过衔接过剩的创意资源和需求，搭建了一个共享平台。

二、发力"互联网+共享经济"

猪八戒网首次打造了全新的企业自营业务模式平台"八戒云"，并联手华为云、金山云、腾讯云等云供应商共同搭建了面向中小企业和信息技术人员的全方位云业务模式平台。猪八戒网根据平台上累计沉淀的海量业务模式数据，为开发者、企业、地方政府组织等提供上云、用云、运营云服务和行业的应用分析解决措施。猪八戒网设想在未来五年，建设1000个"互联网+产业共享服务"中心，打造猪八戒网"互联网+"模式中小企业公共服务体系。

猪八戒网充分发挥互联网资源优势，面向中高端企业、行业推出了互联网+集成型资源整合营销业务模式体系"独角兽iMC"（iMC指整合营销传播）。猪八戒网凭借整合了全新领域资源整合营销业务模式系统、全新渠道O2O的精准营销网络布局、全新形式营销系统化应用与运作的销售漏斗式工具平台、全新形式大数据化用户商机信息传播体系，以及全新形式国际化的结盟式智慧精英领域等解决措施方案，成功建立了全新形式的"互联网+资源智能化"整合营销服务闭环模式中心，有效地解决了中国广大中小企业的发展需要。iMC系统的主要服务模块内容涵盖了品牌建设咨询服务、品牌设计创新理念、市场营销策划分析、公关协调活动、新媒体推广等，并通过平台优化服务商资源，将品牌服务模式的推广细分至全产业（如图5-1所示）。

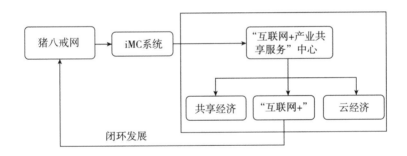

图5-1　猪八戒的战略与商业模式

三、建立"线上+线下"业务模式，深耕人才共享服务市场

猪八戒网目前已建立了"猪八戒网（网页+App）+天蓬网（页面）+线下Zwork社群"的"线上双平台网络+线下社群"业务服务模块，并结合专业技术孵化本领的人才培养与持续赋能，从而为人才匹配国际化机会条件。猪八戒网通过大数据挖掘方式，实现员工和雇主的精准匹配和高效沟通交流。猪八戒网依据企业的中高端人才资源服务模式需求，打造出一站式企业优质公共服务网络平台"天蓬网"（如图5-2所示）。

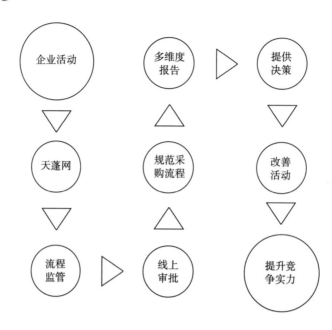

图 5-2　"天蓬网"运行系统

天蓬网致力为企业提供全流程线上采购业务服务，根据网络平台"线上+线下"资源与信息沉淀，整合上千种企业业务服务，以满足企业用户不同碎片化需求服务及提供综合应用解决措施方案。天蓬网将结合线上的流程管理审核、企业账期付款系统开票等服务的赋能，协助企业极大地提升采购效能、规范购销流程、节约购销成本；并提供企业多角度多维度报表，交叉反映公司的经营状况，为公司管理决策提供真实、有效的数字资料支持，全方位提升企业竞争力。

猪八戒网从线上发展到了线下，并在国内各地区设有实体孵化空间和实体产业园。Zwork（猪八戒网O2O运营平台）目前拥有常年租用、短期租赁、租工位、租赁办公等各类办公空间租赁形式，使用者可以根据自身的不同时间、空间需要，通过使用App进行办公工位以及办公设备的预订。同时Zwork还为创新企业提供了商标权登记、知识产权申报、财税管理等一系列创新孵化业务服务，以全方位支持创新企业的发展壮大。

四、"集众智、汇众力"

猪八戒网采用"双平台+社群"，推动了行业升级（如图5-3所示）。猪八戒网将利用互联网+公共服务站、人才公共服务小镇等线下推广资源服务，为整合第三产业提供优质的服务资源，为传统产业、政府、企业等提供专门的互联网+产业解决对策服务。各行各业的员工都能够在猪八戒网采用"找专门人做专门事""集众智、汇众力"的方法，由点及面地推动所在区域城市做大经济的新动力。这一模式不但满足了企业国际化市场发展的深度服务需求，更达到了商业价值与社会的共同统一。

如何让企业快速实现需求？通过升级改造，猪八戒网整合了平台13年的交易数据，自动匹配人工智能。在企业发出需求后，可以自动进行交易匹配。同时，打造"双平台+社群"，由猪八戒网打造专业团队，再赠送免费定位服务。这些"企业管理者"，既熟悉猪八戒网的业务资源，又了解企业的业务需求，准确匹配保证了服务的效果。对于创业者来说，"双平台+社群"不仅帮助他们激发了人力资本，还提高了工作效率，间接提高了创业的成功率。

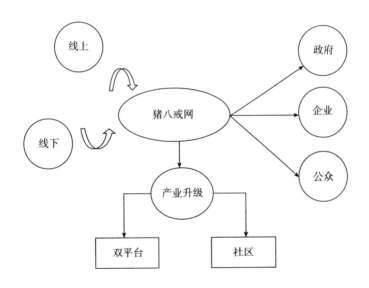

图 5-3　猪八戒的匹配系统

五、结论与启示

共享经济正不断改变着世界。目前，这种业务转型正在带动多个行业的转型，商业模式正在重塑，企业组织架构正在重构，去事务中心化的进程加快，自由职业者比例大幅提升，人才共享不断推进。

第一，共享经济创新革命。猪八戒网平台提供的分享理念就是一个很好的例子。基于十年积累的海量数据，猪八戒网在全国线下开展 O2O 海量创意空间。除了资源共享、人才共享，猪八戒网还推动本土传统产业升级和商业模式转变。全球互联网共享公司 Uber 和 Airbnb 也在全球掀起了一场颠覆式的创新革命。在出行方面，早些年只能出门叫出租车，现如今还可以使用 Uber、高德打车等 App，而且服务都比之前更好；在外宿方面，以前只有住酒店一种选择，现在可以选择 Airbnb 或小猪短租。

第二，共享经济深入人心。共享经济不但全面覆盖了传统的商业模式，而且还在进一步改变人们的工作和生活方式。并且，共享经济还将从传统经济生活领域逐步向产品制造业、服务、社区、民生等各个领域渗透。以网约车、共享住宿、在线外卖、共享医疗、共享物流等为代表的新业态创新模式，成为促进产业结构优化、国民经济快速增长和消费转型升级的新动力。

第三，营销模式升级。共享经济时代，个人既是生产商又是消费者，利用网络就可以共享物资、信息、产品和技术服务；生产效率大大提高，边际生产成本接近于零，交换价值被共享价格所取代。因此，猪八戒网的共享经济营销模式将在未来很长的一段时间继续保持发展的活力。

（资料来源：笔者根据多方资料整理而成）

第一节　共享经济时代到来

一、共享改变世界

你可能不知道什么是共享经济，但你是否曾使用过优步、神州等 App；你是否在 Airbnb、途家、蚂蚁短租住过宿；你是否用美团、大众点评、百度糯米进行过团购，这些都是共享经济的表现。共享经济以"共享"为特征，正在改变我们所熟悉的商业运行模式，一步步地改变我们生活的世界（如图5-4所示）。

第一，共享经济改善人们的工作和生活。共享经济是一种可以更合理地配置闲置公共资源的经济模式，以达到利益最大化为目标。共享经济目前具有非常好的发展态势，更多的人将会根据自身的兴趣、技术优势、时间和资源，以弹性就业者的身份参与到各种各样的共享经济活动之中。通过共享经济平台，使用者能

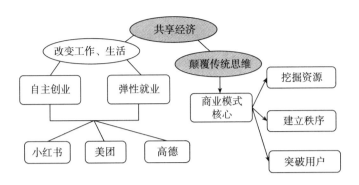

图 5-4 共享经济改变了世界

够自主灵活地转换时间、技术和金钱，找到最符合自身的工作和生活方式，同时还能获取最新的技术与工作机遇。对于对未来充满迷茫的人，共享经济可以带来更多样化的职业生涯道路，从而避免可能的失业风险。随着共享经济逐渐流行，生产与消费将更加紧密结合，工作也将成为人们生活的常态。

第二，共享经济颠覆了传统的商业模式。共享经济，是一场颠覆性商业模式革命。网络信息技术作为共有市场经济的重要基石，大大减少了微观市场主体之间信息不对称的问题，也极大减少了由于信息不对称而产生的法律搜查、谈判、监管等领域方面的额外交易成本。对厂商而言，减少的市场交易成本会使传统企业边界缩小，将促进个体市场经济的发展。对用户而言，以买变租的消费方式的改变提高了用户的权益。由于中国传统企业边界的缩小，使得"劳工—公司—用户"的传统模式逐步被"劳工—共享平台—用户"的共享模式所代替（如表 5-1 所示）。

表 5-1 共享经济商业模式的六大核心要素

要素 1	挖掘丰富的资源：共享经济使用的是闲置或过剩的资源
要素 2	发挥网络效应的平台：共享经济网络平台有很多方案可供选择，如补贴方案、用户顺序方案、双边同步与转换方案等
要素 3	达到引爆点的用户量：用户为王，促进用户规模增长
要素 4	建设共情的社群：用户归属感的形成，最有效的方式就是通过围绕平台建立社群，在用户之间形成彼此依存的力量，从而使用户感觉到自己能够在这个群体中发挥影响力。如在小红书平台，用户可以采用短视频、图文结合等形式记录生活的点点滴滴

要素5	保障以信任为基础的社会秩序：如何建立共享经济世界的信任感，是实现商业化模式需要处理的可行性基础问题。共享模式赖以生存的一个重要条件是情怀，这种社区情怀深刻地改变了社会个体间的关系，共享经济促进了社区信任感的形成
要素6	实现了资源供需双方最优质的配对

二、共享带来的价值

共享经济正如火如荼地开展着，它的到来为人们的日常生活提供了极大的方便，改变并打破了传统的商业模式。有些人为它欢呼，摇旗呐喊；有人视其如洪水猛兽，设卡围堵。那么，共享经济究竟给人们创造了什么价值？值得我们思考（如图5-5所示）。

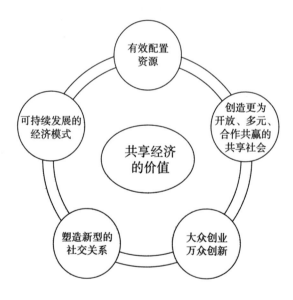

图5-5 共享经济的价值

第一，有效配置资源，提高效率。通过共享经济的方式盘活社会公共资源，达到社会主义市场经济的资源有效配置。通过共享经济所形成的买卖双方撮合交易网络平台，让供应方闲置或者过剩的资产最大化使用。这种资产既包含有形的房屋、车辆、工具等，也包含无形的技术和经验。共享经济所提供的资源合理高效地分配，不仅包括闲置物品或服务的配置，还包括许多附加的增量资源配置。例如，通过高德提供出租车服务的司机，在给游客提供服务的过程中发生的沟通互动，又增加了新的协作机会。

第二，大众创业，万众创新。共享经济为人们创业提供了一个很好的参与方式：不需要新增投入，只要利用你的闲置资产与闲暇时间，就可以开始你的创业。例如，如果你有一辆车，便可以在工作之余，为需要出行的人提供驾驶服务；如果你有一间空房，你可以通过 Airbnb 平台，为世界各地的游客提供住宿；如果你有某方面的专业技能，你可以通过一些平台，将你的知识分享给有需要、渴望吸收知识的人。你既不需要创造新产品，也不需要思考复杂的交易过程，共享平台都帮你安排好了，你需要做的就是用心服务好你的客户。

第三，塑造新型的社交关系。过去几十年，随着城市化进程的加快，以及商业社会带来的高速竞争，让人与人之间的关系变得疏远，人们的日常生活集中在家庭与单位之间，两点一线，偶尔在虚拟网络与陌生人交流。而在共享经济模式下，促使陌生人从线上走到线下，从曾经的擦肩而过，到因某种分享与互动而见面、交流，在互动中形成了新型人际关系。对于许多选择 Uber、高德打车的用户而言，每天在车厢里遇到的不再是身穿统一制服的出租车驾驶员，而是不同背景、不同职业的人。在这小小的车厢里，与陌生人产生某种联系的可能性每天都存在。

第四，可持续发展的经济模式。共享经济所带来的经济价值在于，通过买卖双方的信息交易结果使得边际成本为零。产品边际成本不断减少、市场价格趋近于零，这是人类最具生态效益的经济发展模式，也是最佳的可持续发展模式。同时，共享经济的消费理念也会逐渐改变人们对价值的认知。把传统上那种以销量作为衡量标准的价值体系，转换为一种更加多元化的综合评估系统。

第五，创造更为开放、多元与合作共赢的共享社会。共享经济所能起到的另一个正面积极的社会效果是，促进人们形成一个更为开放、多元与共赢的社会关系。整个社会在经营体系中的权力将变得更加分散，并不再集中到少数供应商、生产者及政府的身上。借助共享经济，人们将有条件、有能力地通过自己处理更多的社会问题，从而满足自身更多的需求，同时也创新出更多的社会服务合作模式。

共享经济专栏 5-1：
三一重工：工业+互联网设备共享平台

三一集团创建于 1989 年，是世界领先、全球第五的建筑工程机械制造企业，年产销 600 多亿元，产品远销至全球 100 余个国家和地区。树根网络科技公司是由三一重工物联网集团投资成立的，是中国自主开放的第三方企业网络技术公司，致力于创建中国最具客户价值的产品共享平台。近年来，三一重工采用物联网与大数据体系从而缓解了传统制造业的困境，当前已取得一定成效，企业资金营收价值已超 700 亿元，而增长率相比传统企业也同样达到较高水平，这也预示着传统制造业的未来发展之路。

一、"工业+互联网"设备共享平台：树根互联的共享解决方案

目前，全国中小生产企业共计 3 万余家，占我国生产企业的 97.4%。部分公司的制造业互联网信息化基础设施相对薄弱，想要搭上智慧制造业这班车，运用大数据、物联网技术提高智慧生产管理、业务能力管理以及工业资产管理，是他们唯一的捷径。不可否认的是，"资金+时间+能力"已经成为制造业运用工业互联网技术的痛点：大量的中小工业企业因为"数据贫+信息化贫+智能化贫"而被排除在工业互联网之外。

依托于三一集团 9 年工业物联网实践经验积累，以及超过 15 亿元资金投入，聚合上下游产业合作伙伴和解决方案供应商，实力打造端到端，一站输出式工业互联网产品，致力于构建开放、共享、合作、共赢的工业互联网生态——"根云"平台，建立一种公开、合作、协调、共赢的工业互联生态化系统，企业利用自身在工业物联网领域丰富的实践经验与行业积累，通过集成下游产品合作伙伴资源与解决厂商能力方案，联手合作构建从端到端的工业物联网产品，进而实现企业面对最终顾客的全方位价值创新输出，从而建立一种属于自己的工业互联生态体系（如图 5-6 所示）。

二、创造最具客户价值的工业网络平台

一是提供简单、方便的设备连接解决方案，帮助企业任意的设备迅速连接至云平台。

二是采用国际主流大数据处理技术，为海量、高速并发的机器数据提供储存、运算、大数据分析等强大数据处理保障。

三是一流的数据分析科学家队伍、丰富的智能化挖掘技术与可视化工具，支

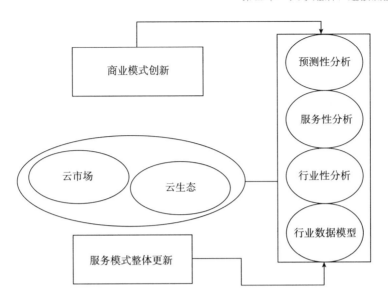

图 5-6 "根云"工业互联网平台的总体蓝图

持公司实现预测性维护、资产性能管控、优化性服务、业务全过程监管等不同行业的应用创新。

四是提出智慧开发、智能制造、智慧服务、租赁平台、互联网金融服务等方案，打通"最后一公里"，协助顾客创造最大价值。

三、结论与启示

未来的"根云"将全面打造开放共享的合作生态发展平台，与众多合作伙伴携手共建平台以及应用生态，协助提高制造企业的数据化、网络化、智能化水平。通过全面接入、部分接入、二次兼容接入实现开放共享的合作生态。我们在"根云"上看到的不只是其本身企业的发展，也是行业的发展，我们更应该看到开放共享的合作生态在当今社会中的重要性，以及其在未来发展中的前景和驱动力，这种驱动力也会推动我国共享经济建设到达一个新高度，经济发展到达一个新阶段。

（资料来源：笔者根据多方资料整理而成）

第二节　何谓共享经济

共享经济是当下最具热点的话题。2016年初，该词语被收录于《牛津英文词典》，将其界定为在一个经济发展体系中，通过免费或收费的方式，将资产或服务在个人之间进行资源共用。信息通常以互联网的方式进行传送，因为有了共享经济，人们才能在自己的需求得以满足的情况下，将闲置资产如汽车、住所、单车、篮球，甚至 Wi-Fi 等出租给他人。

一、共享经济知多少

究竟什么是共享经济呢？人们对资源共享经济做出许多界定：共享式市场经济、资源共享市场经济、点对点市场经济、多功能市场经济、协作消费、按需经济等。共享经济，是科学信息革命蓬勃发展至特定阶段后所形成的全新经济社会发展形态，是高效集成各种分散资源、精确发现多样化生产需要、形成供需双方高效匹配关系的最优化资源配置方法，是在科学信息革命社会发展形态下注重企业文化与可持续性、追求最好经济体验和物尽其用的新型消费观与经济发展观。因此，共享经济就是将自己过剩的资源共享给他人以提高资源的使用效率，并从中获得经济利润，它是共同使用而不是独用。共享市场经济主要包括三个参与者：需求方、供应方及公共平台。参与者通过网络平台，采取各种方法支出或获益，更加平等、有偿地享用共享资源。

那么共享经济的实质意义到底是什么呢？存量市场正是借助新技术和网络，使市场供应方与需求方之间实现更有效的互动与交流，从而最大程度地节约各方的时间与资本，而存量市场又随着对闲置资源使用率的提高而有了新的活力。因此，共享经济以使用体验为导向，以技术进步为支撑。共享经济赖以进行的前提是有效闲置，而个人间的相互信任也构成了共享经济的基石。共享经济实现目标的关键要素如图5-7所示。

共享经济是一个全新的经济形式，主要有三个特点：借助网络作为信息平台、以闲置资产所有权的暂时性转让为本质、以物品的重复交易和高效利用为主要形式（如图5-8所示）。

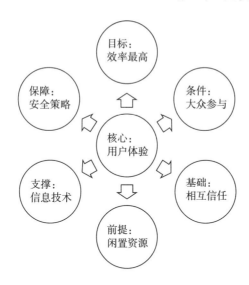

图 5-7 共享经济的关键要素

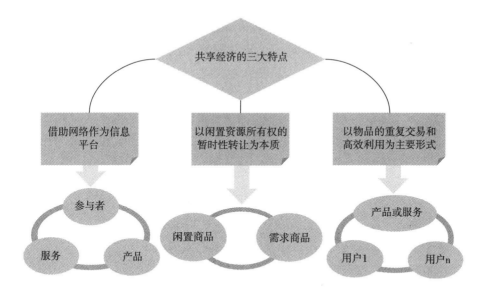

图 5-8 共享经济的三大特点

第一，借助网络作为信息平台。网络平台并不直接提供商品或服务，而是把所有参与者连接起来。网络信息技术在共享经济的产生与发展过程中扮演着关键角色，它既是共享经济形成的重要驱动力，又是持续发展赖以依靠的重要基础。

也正是由于有了网络，特别是智慧终端的快速普及，才使海量的信息供给方和需求方之间建立了联系。只有借助网络信息技术，才可以让人类过去认为不可能跨区域的点对点交流成为可能。所以，就目前而言，成熟的共享经济公司多是通过搭建具备相应技术基础设施的网络平台来开展业务的。

第二，以闲置资源所有权的暂时性转让为本质。强调使用权思想，弱化所有权观念。"资源分享型市场经济"把个人所占有的公共资源视为具有沉没生产成本的过剩资源，加以社会化利用。物品或劳务的供应者通过公共平台暂时性地从供应方那里获得所有权，以较低的成本实现使用功能后再移交给其他持有方。人们改变了对传统消费行为的认知，更加重视消费的过程，而不在乎享有的过程，以使用权取代所有权。有的观点认为，对于进化到今天的人类来说，在一定时间内对物品的使用和体验，比在大多数时候让物品闲置更具备利用意义。此外，从消费者对土地共享经营模式的接受程度来看，重视土地使用权的消费模式也极大减少了生产成本。

第三，以物品的重复交易和高效利用为主要形式。共享经济使原拥有者的过剩资源不断易手，并重复性地转移给社会其他有需要的成员使用，这种"网络串联"所构成的资源共享模式将让大量闲置资产重新利用起来，可以大大提高对现有物品的利用效率，更高效地利用公共资源，从而提高了个人收益，并可以实现社会整体的可持续发展目标。

二、共享革命：颠覆还是推动

共享经济带来变革与创新，也给传统企业和消费者带来冲击。那么共享革命对传统企业和消费者来说究竟是颠覆还是推动呢？以下案例将说明这个问题。共享经济的强势来袭，我国开始出现共享办公的现象（如图5-9所示）。侠客岛是一个通过数字化企业运营管理和企业发展服务的空间提供商，是中国国内第一个成功定义新空间概念和创新空间运营服务方式的企业。侠客岛所提供的联合办公场地和休闲互动区域，满足了让人轻松的各种需要。标准化岗位不仅配备了宽带，甚至还拥有一种完全按照人体工学理论设定的标准座位。创客们既可以随意入驻，标准岗位也能按照需求灵活租用，不论是2~3人的小公司，还是10人左右的初创企业，均可选择组合工位。同时，侠客岛还能根据公司的需求，提供标准化服务。前台服务帮助创业团队接听来电，财务人员提供记账和报税等咨询服务，企业宣发部门帮助企业设计VI和产品推广，投资辅导帮助企业创客们与投资人之间牵线搭桥等。侠客岛的主要理念是让创客们从繁杂琐碎的工作中解脱出来，把更多精力投放到企业核心经营与管理模式的改革上。

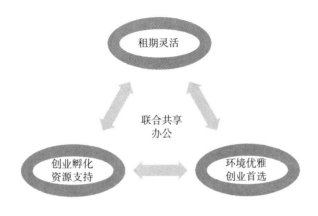

图 5-9　共享办公

共享经济完全打破了传统企业的组织模式。以往创建公司时，不仅需要购置计算机，还必须购买服务器，大量的硬件成本摆在面前。而现在这一切可以在"公有云"上轻易获得，节省了大量成本。对于高新科技类公司而言，通常致力于向共享办公发展。对于传统企业来说，共享经济带来的不是颠覆，反而推动了它们可利用共享经济为客户提供更多、更好的体验和服务。在未来，越来越多的传统企业会以自己的智慧融入共享经济这个不可抗拒的浪潮中。

共享经济对于传统企业如此，对于消费者又何尝不是。共享经济作为一种新经济是需要被引导的，让更好的体系能够更大程度地去帮助消费者。消费者可以利用社区平台分享自己的真实购物感受，帮助其他消费者做出购物决策。这有利于保护消费者的权益，让市场永远站在消费者这边，帮助消费者筛选掉虚假的、无价值的信息，放大真实的、有价值的内容。

三、共享经济的本质：连接、大流量、重视、共有

当代青年人早已不像他们的父辈那样，终其一生只做一份工作，甚至有些人已不再供职于任意一家单位，而是转而利用网络平台"接单""接活"。人类对待"上班"和"单位"的观点也因此发生了巨大的转变。兼职呈现出对人才的资源共享，而网络平台将资源共享的范围进一步扩大至房产、汽车、个人及过剩

物品等，以至形成了一种崭新的概念，即共享经济。

例如，Airbnb 就是将住房空闲者与住房需求者联系起来，当二者满足了交易条件后就可通过沟通进行交易，这一交易中也产生了数据流，从而形成了流量。供给者与需求者双方也有了一定的互动，需求者可向供给者了解房屋的位置、房龄等情况，房屋供给者甚至可以直接给房屋需求者发送房屋照片等，双方达成交易便是实现了共享。因此，我们又可以说共享经济的本质就是连接、大流量、重视、共有（如图 5-10 所示）。

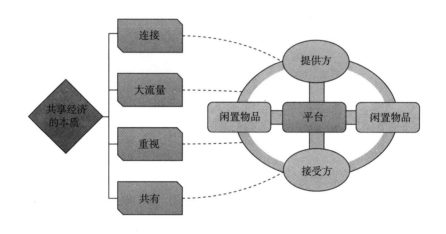

图 5-10　共享经济的本质

第一，连接。所谓资源共享就是将社区一切闲置物品都变为"你的就是我的，我的就是你的"。众所周知，互联网经济实质上就是通过建立联系，搭建合作伙伴关系，将组织的服务变成社交产品来做，通过提供用户交流媒介，联系供需双方，从而实现社会去中心化。同时，由于人人共享带来了用户量指数级别的成长，使得资源共享经济平台不仅为人类创造了高价值服务，更重要的是重新定义了人与人之间的互动和联系。以前，人们的社交活动是点对点的社会行为活动，伴随资源共享经济时代的来临，人类以资源共享物件为介质和陌生人之间形成了紧密联系，进而实现了网状点对点的社会行为活动。与此同时，网络平台的服务价格也伴随资源共享者的数量和闲置物品的增加而呈现指数级别的增长。于是，人们利用资源共享经济网络平台，把人与人之间，特别是服务供需双方更高效地连接起来了。连接经济自然也就变成了资源共享经济的重要本质。

第二，大流量。当人与人之间连接起来时，就必须建立公共网络平台，也自然会产生大流量。想要实现更大量的个人用户和用户之间的连接，就需要借助网络平台了。也就是说，借助网络平台，为共同市场经济中的个体间构建相互交换信息的系统。通过公共网络平台可以连通供求两端，并让消费者接受合理的定价以满足自身需求，供应者也能从市场闲置物资中获取收益，并以此调整市场供需平衡。作为公共平台，必须融合所有传统网络资源，并运用网络平台的大流量使所有传统网络资源为自身所用。怎样融合网络资源，是资源共享经济平台所需要克服和破解的难点。因为资源共享平台不仅会产生成千上万的新用户数量，还会形成难以预测的巨大流量。

第三，重视。所谓共享经济就是所有人都能在第三方平台上共享自身闲置的物品，从而赚取一定利润。因此，可以把共享经济细分成三个主体部分，即供需双方、第三方网络平台、过剩物品。一个共享经济平台的盈亏完全取决于使用人数的多少，而使用人数的多少也决定了这个平台究竟能为使用者创造什么价值，这就要求平台上的每位使用者都能参与资源共享。因为如果我们将团队资源优势（规模和资源）和个人资源优势（本土化、定制性化）紧密结合在一起，当团队和个人都在创造价值时，就极有机会给别人创造出价值。这也是共享经济网络平台离不开广大用户的长期关心与重视的原因。

第四，共有。所谓共有市场经济便是供求双方合作实现共赢。需求侧满足了需求，供应侧利用闲置资源赚取了收益，可谓是"共赢"。共有市场经济网络平台成为联系供求双方的重要纽带，所谓共有市场经济其实也是自在体验经济，用户在有需要的时候也可以被及时满足，而在共有者和被共有者的中间又不受第三者影响，因此不存在契约上的甲方乙方，因为人人都是合作的关系，也都是权益享有者。

四、共享经济推动生态圈

共享经济的核心理念就是使资源利用效率最大化，是遵循绿色生态经济发展理念的新经济模式，是绿色生态消费方式的具体体现。共享经济充分利用了闲置资源，改善了资源配置，减少了政府的重复投资，提供了有价值的公共服务形式。同时，为了促进社会生态健康发展，共享经济在降低商品的产出与耗费、降低碳排放量方面发挥了非常关键的作用。

在共享汽车技术充分发展的条件下，衣服、车辆、家具、电话、电视、电子游戏、运动用具和园林用具等都可以作为共用的东西，能够降低约20%的碳排放量。美国麻省理工学院的研究成果证实，拼车出游能够降低约55%的交通拥堵。一台充分发挥效能的"共享汽车"能够代替40辆私家车，人均降低约40%的驾驶公里数。另一项来自德国的统计结果显示，"汽车共用"的方法已经让德国不来梅市区每年的二氧化碳排放量降低了约1600万吨。纽约街道上每使用一台共享车，将会降低约15台私家汽车的能耗。有报告显示，仅通过拼车和顺风车两种产品服务，一年下来就能够节约5.1亿升的汽车燃烧能量，从而降低了1355万吨的碳排放量，就相当于对11.3亿棵树木的生态补偿数量。按照Uber给出的数据，其通过在杭州的拼车旅行所降低的碳排放量，相当于每3天增长了一片西湖面积大小的林地。这些数据无不显示共享经济对生态发展做出了巨大贡献。

促进共享经济的科学发展，有利于在中国社会上牢固建立绿色消费观念，对促进社会生产方式和生活方式的绿色化，推进构建资源节约型、环境友好型社会，都有着重要的现实意义。

共享经济专栏5-2：
健康160：打造"互联网+医疗"开放生态

健康160，是中国业内领先的网络医疗服务平台公司。以"打造中国人的网上医院"为愿景，助力社会大众提升就诊感受，并搭建连接患者和医疗健康服务的新平台。为患者提供取件挂号、导医咨询、网络支付、排队等候叫号、检验报告单推送、院外随访、分类治疗、医患社区、健康管家服务。健康160平台将凭借其"入口"及流量资源优势，深入地与医学保健产业链的各合作方共同构筑网络医疗健康生态，并通过与各大专业领域的合作（如高血压、心理咨询等机构），进一步扩大其业务的深度，增强业务黏性，并深入地融合医学保健产业链的服务优势，进一步增强合作各方抵御风险的能力，从而共同建立一套开放式合作的医学保健生态。

一、健康160：打造"医疗互联网+"开放生态

健康160互联网医疗平台在传统预约挂号的基础上，进一步针对C端患者的健康管理服务、医疗电商等新业务领域，将寻医治病的服务业务全流程打通，提供全面诊前咨询、预约挂号、诊中支付、报告结果查询，诊后健康管理的全流程就诊业务体验（如图5-11所示）。

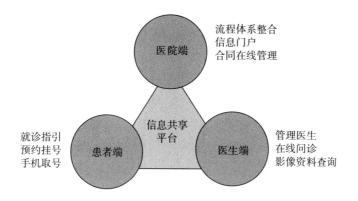

图 5-11 健康 160：打造"医疗互联网+"开放生态

通过在医院内优化就医流程，提升就医体验，同时在医院外努力提升用户的健康认知，搭建医患沟通桥梁，以达到用移动互联网改善医患关系的效果。健康 160 把挂号功能转到了移动医院，目前服务范围已经覆盖医院客户端、指导医生客户端，以及医院端。患者的就医指导、预约办挂号、手机取号、诊中结算、检验报告单的查询、诊后评价、慢性病管理等问题，均能够在健康 160 平台上进行处理。有患者表示，"在手机上预约挂号、缴费，看一次病前后能节省两个多小时"。

除了在患者端提升就医效率，健康 160 还深入医院内部，通过专业的呼叫中心服务助力医院运营。目前健康 160 的全流程网上医院可为医院提供科学排班、互动式语音应答（IVR）服务，也可搭建在线咨询渠道、建立多层分级目录结构知识库、开通呼叫中心与线下客服功能、提供稳定座席支持和持续专业培训。

二、健康 160 基于平台开发战略的盈利模式

健康 160 所采用的经营模式主要是综合性的服务变现方案，即通过开展挂号、导诊、缴费等健康服务全流程业务，通过业务环节中获得提成或与合作方进行收入分成。

在 B 端，通过与药企、医院、保险公司等合作，实现收入分成、费用结算。在 C 端则面向病患提供业务外包模式（如图 5-12 所示）。

通过与保健信息管理企业、可佩戴设备企业合作开展高血压、糖尿病等慢性病管理项目，为患者提供住院外的保健增值业务，包括提供血压计、血糖仪等，协助患者控制慢性病，费用按年收取，与企业合作获得收入分成。据专家研究，健

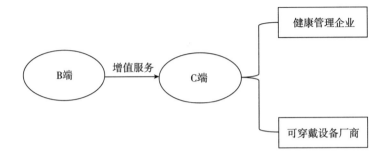

图 5-12　C 端增值服务

康 160 模式是其平台的战略模式中派生出来的，核心利润增长点并不是依靠单纯粗暴的渠道分发，而是依靠平台合作，为消费者带来增值业务，从而创造出更大价值。

三、结论与启示

健康 160 在建设的过程中，立志于打造"医疗互联网+"服务开放生态。一方面，健康 160 打破传统医疗信息屏障，连接医院、医生和患者的平台，并不断深耕平台资源，实现 90%以上的三级医院接入，实现了医院端"互联网+医疗"的解决措施方案在中国 50 多个地区大规模推广；另一方面，健康 160 强调平台功能的升级，向行业伙伴开放平台资源，以实现合作共赢。健康 160 平台优化针对患者服务的功能，给患者带来更安全、更有保障的就诊体验，积极迎接亿万级用户的来访。目前，健康 160 正与合作伙伴共同探讨全球互联就医新模式，以建立"医疗互联网+"的开放生态体系，致力于为使用者提供优质服务的同时，实现生态圈参与者的互利共赢。

（资料来源：笔者根据多方资料整理所得）

第三节　共享模式

共享经济，即分享经济，通过分享让大众参与社会的生产与服务，不同领域的人分享不一样的资源。有资金的将自己的资金分享出来，于是有了众筹；有学识的将自己的见解分享出来，于是有了知乎、维基百科；会做一手好菜的将自己的菜品分享出来，于是有了"好厨师"。社会各界都掀起了分享的风潮，开启了共享模式时代。

其实，中国互联网产业很早就开始遵循资源共享经济发展的基本模式，也就是一个免费提供给用户的服务，并主要通过向广告主收取费用来实现收益，这正是资源共享经济发展的初始形式。它在很大程度上，将人们之间曾经的一对一产品、消费或服务的经济社会活动，变成了三方或者多方交易。而商品和服务的共用，则是共有市场经济的最高形态，它是指商品（服务）在实际使用过程中，已不再是由个人所享有，而是被其他人或机构通过直接或间接的方法共同享有使用权，专车或短期租赁等都属其列。

由于新技术的强大支持，共享经济没有止步于打车和房屋短租，而是向着物联网、大数据等虚拟网络的共享经济发展。另外，由于共享经济辐射面的扩大，原来零散的市场与需求将越来越统一，而消费者在未来也将从一个市场中得到自己所需要的各种服务，而这些服务的来源就是大众的共享。共享经济彻底改变了人们对"产权"的观点。过去人们以拥有为荣，现在更愿意享用，在共享模式下，越来越多的人觉得自己的价值得到了提升，尤其是资源相对匮乏的一些人，在传统经济形势下，他们只能去索取，而在共享模式下可以让他们发挥一技之长，去获取经济价值，甚至是人格上的尊重。市场交易模式与共享模式的对比如表 5-2 所示。

表 5-2　市场交易模式与共享模式的对比

对比项	市场交易模式	共享模式
边际成本及其变化趋势	大于 0，递增	递减并逐渐趋于 0
供给市场的边界	存在边界	不存在边界
企业生产资料	优势：生产资料及供应链议价能力	轻生产资料、互联网平台搭建

资料来源：笔者整理得到。

共享经济本质是对资源的使用及对价值的获取。那么，共享经济下企业的商业模式又是怎样的呢？根据对共享经济本质的理解，我们将共享经济的商业模式划分为五大核心要素：跨界整合、共享模式、盈利模式、众筹模式和价值创造等。第一，在企业定位上，要有跨界整合思维；第二，通过共享模型，进行商业模式创新；第三，利用免费引流，从而达到盈利；第四，通过众筹，取得企业所需要的不同资源，包括资金、人员和物资等；第五，将一切可用的资源进行有效

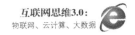

分配，进而创造价值。

一、跨界整合

跨界整合，指的是横跨两种及以上不同区域、不同行业、不同思想、不同文化的共同发展，进而整合产生的一种新行业、新产品、新服务等。跨界整合通过统一的管理策略来实现公司信息系统的共享与协同工作，将原来缺乏联系的独立公司转化为可以协同作战的合作伙伴，抑或将原来的竞争对手转变为合作伙伴，其实质就在于将原来分散的公司产品要素重新组合到一起，从而建立起一个更加有效的整体生产模式。公司跨国整合的主要目的是建立一种生态系统，或者是大数据处理、或者是协作管理的企业管理创新模式。

跨界，就是突破原有的架构，形成新的联系，进行创新。跨界方法很多，分为行业跨界、品牌跨界、服务跨界、应用跨界、渠道跨界等。对传统产业而言，跨界是为顺应市场发展趋势，实现业态创新、进而实现新经济形态下由传统产业到新兴行业的转变和企业的多元化布局。对网络公司来说，跨界能够更好地建立一种网络生态圈模式。在移动互联时代，跨界思想无处不在。跨界的实质就是联系和创新，跨界的终极目标是实现无边界。

共有经济的蓬勃发展也促进了跨界融合的更广泛发展，尤其是在网络金融领域的跨界融合。利用数据共享经济发展这个全新模式，从用户端、业务供应链条、商业价值服务器等方面都对传统的经营管理模式进行了重构。同时，也推动了传统互联网金融服务向更多业态的深度融合，从而达到了商品和业务等要素的资源分享和重新结合。

二、共享模式

共享社会是一个全新的经营管理模式体系，数十亿人既是生产商又是消费群体，在网络上共用流量、资讯和物品，"拥有权"被"使用权"所取代，"交易价值"被"享受人生价值"所取代。由于资源共享的形态、内涵的差异，资源共享经济中有各种各样的共享模式。共享模式一般分为开放模式、共享知识、共享资源、共享服务、共享管理（如图5-13所示）。

第一，开放模式。共享经济的参加者所面向的对象可以是任何一个已经掌握了过剩资源的机构或个人，机构或个人可以把他们的过剩资源发布在一个提供资源共享的平台上，这也就决定了其开放性的特征。资源分享者唯有通过共享经济

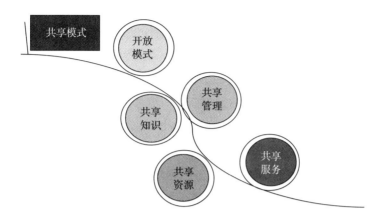

图 5-13　共享模式的种类

的开放性模式，才能使共享经济另一端的参与者也加入其中。

第二，共享知识。人们在碰到自身并不了解的专业问题时，除向身边亲友咨询之外，基本上是直接从知乎或者百度上寻求解决问题的方法，又或者通过果壳网提交问卷，之后再期待平台上的其他用户进行解答。通常提问者的问题会获得不同人的回答，答案也是各种各样的。回答者可以在看到了提问者提出的实际问题以后，利用自己所了解的专业知识来作出解答，实际上这是一种共享知识的过程。

第三，共享资源。共享资源产生的基础就是每个人都会有自己的资源，而每个人的资源又可能会有所不同。有的人家里东西积攒得太多，就算压箱底也不愿扔掉；有的住宅面积太大而住的人却太少，空间剩余过多；虽然随地都有 Wi-Fi，但每月却使用太多流量。这就导致了大量公共资源的闲置与占用。

第四，共享服务。一般而言，企业共享服务的产生都是基于公司自身实力，或是企业已有资源已经无法满足服务需求方的需要，因此必须从外部寻找帮助，从而把企业的服务业务共享开来。在网络平台上，公司或个人可以通过共享服务，这既大大降低了自身的生产成本，又充分利用了社会上的其他资源。

第五，共享管理。所谓共享管理，即用共享来管理团队或组织。管理是在特定的环境下，对组织中所掌握的资料进行合理的计划、组织、领导和管理，以便达到自己的组织目标的过程。正因为管理是一种贯穿整个组织发展全过程的管理，所以分享式管理不仅是对最终成果的共享，还包含了共享过程。

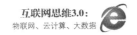

三、盈利模式

如今资源共享经济社会发展正突破传统社会组织界限，逐渐实行了自由人的独立联盟，而公共平台也将趋向轻型化经营，目前资源共享经济社会的发展模式主要包括五大中心和两大平台。

五大中心是指通过数字化信息共享的经营平台实现功能转换，建立交易中心、核算中心和数据中心，利用交易赚取差价，利用会计核算中心建立资本池，利用信息共同处理并积累数字化财富。与此同时，随着平台的不断完善，市场也不断裂变，逐渐产生了市场营销中心与运营管理中心，前者实现了企业品牌的升值溢价，后者形成了企业附加值服务。

两大平台既是由交易、核算和数据三个中心所沉淀起来的基础业务差价、资本池等数字化资源，也是一个整合起来的金融平台，并由此产生了两大运营平台，即基础业务运营平台和金融服务运营平台。资本池和数字化资产管理将是共享平台中最重要的战略来源（如图5-14所示）。

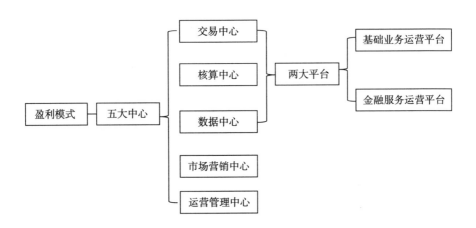

图5-14 共享经济平台的盈利模式

四、众筹模式

众筹模式也是在共享经济发展下流行的另一种服务业务模式。聚众筹款是指自然人利用网络的联合或互动关系，集中投资并支持由其他团体或者个人所开展的有关社会公益的集体活动行为。众筹模式一般由融资人（项目发起人）、出资人（公民）和众筹网络平台（中介）三个主体共同形成（如图 5-15 所示）。

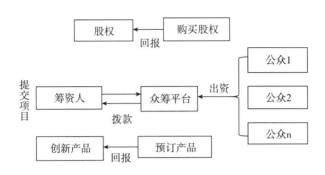

图 5-15 众筹模式流程

在众筹模式下，产品创新门槛将降低。相比于传统的资本筹集形式，民众募资平台能够让融资者比较容易地筹措资本。众筹项目经营管理模式平台将有助力于众多的草根融资创业，并创新出自己的产品。众筹项目在获取资本之外，还将获取一个市场调查报告。如果大众给了某一项目的融资报告，便代表大众对该项目存在一定程度上的市场认同，能在一定程度上表现出产品未来将大规模进入市场后的发展情形。这就是众筹模式的一种隐含价值：先由大众掏腰包，然后去开发产品。一旦项目融资成功，加上实际的产品开发和生产过程一切顺利，就等于在较大程度上降低了产品创新成本和创业风险。也相当于是公司对受众的一个宣传。一些人或许并不会投资，但不一定说明他们对该项目毫无兴趣，或许是对其他因素的考量。当看到项目被很多人所接受时，这部分人也很有可能成为未来潜在的客户。即使投资未能成功，该项目也得到了展示的机会，为新创业公司寻找潜在投资人作了必要的宣传。

五、价值创造

价值创造是指企业通过提供符合目标顾客需要的商品或服务的所有经营活动及其成本的组合。信息共享经济对价值创造产生了影响。传统的价值创造是指一种从无到有的生产过程，公司通过产品加工、分销、售后服务等一整套的生产流程，最终才可以把商品或服务提供给消费者。其中，物质制造在特定空间里由专

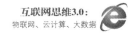

门管理者负责进行，而价值创造只能从提供产品和服务中获得。

资源共享经济环境下的价值创新，更多的是通过利用资源的相互交换，或者资源本身的自由流动产生的。在传统价值创新链条模型中，每一环都可能形成大量过剩的空间、物质，或者虚拟的技术服务等，资源往往无法被人们充分地发现和有效利用，这实际上是一种资源浪费现象。无论是资讯获得的及时性、高效性，还是交流互动的便利性，都无法得到合理的实现，当然这也和人类的认识及对待物资的心态有着莫大关联。在资源共享经济模式下，资源交换参与者可以把自己过剩的资源贡献出来，也可以在网络环境中进行点对点的直接接触，并由此突破了时间、空间、信息的三维制约，这就使资源配置逐渐脱离了地域依赖性，并充分利用时间差产生了全新的社会资源分配模式。

共享经济专栏 5-3：

小猪短租：中国版 Airbnb

小猪短租于 2012 年创立，是中国国内依赖于共享经济发展，为消费者提供短租住宿服务方式的平台，是中国国内住房建设与共享经济行业的标志性公司。小猪短租的房子包括普通招待所、隐藏在城市中的四合院、花园式房屋、百年古建筑，以及绿色火车房、森林木屋、星空房等。致力为租户提供不同于传统酒店的住宿选择，从而获得可观的效益。小猪短租通过挖掘创造性潜力极大的闲置住宅资源，建立了一个诚实信用、安全的网络信息与交易平台，给租户带来不同于普通旅馆，且具有人文情调、家庭气息、性价比较高的居住条件选择，同时有助于他们结识更多兴趣相投的伙伴。

一、C2C 的分享模式+更好的线下体验

C2C 模式是由共同宿舍网络平台为房东和租户提供互动，并核对双方信息，以确保用户交易安全性，而房屋则由租户运营和管理，共同宿舍网络平台并不参与。该模式下房屋种类繁多且具有独特性。小猪短租坚持了 C2C 的分享经济模式，将房东闲置的房屋和有短租需求且追求生活体验的消费者聚集起来，促成双方交易（如图 5-16 所示）。

小猪短租的盈利源于佣金收入。平台房源主要来自个人闲置房产，房东免费入驻平台。公司注重房东端拓展，通过线下服务团队对房东的服务和装修进行专业化指导，并提供免费上门拍照、培训等服务，帮助房东把非标服务标准化，降

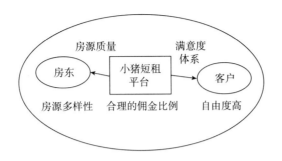

图 5-16 小猪短租 C2C 分享模式

低供给端进入门槛，通过扩展更多房源吸引用户，形成供给端与需求端的良性循环。C2C 的分享模式搭配良好的线下体验，使小猪短租的房源、用户量与访问量都得以迅速而高效地增加。

二、完善信用体系，提升出租体验

由提供解决出行住房非标问题服务转型为提供解决新兴中产阶级个性化住房问题服务。公司内部围绕着在线短租衍生出的长链条，在供应端与用户端之间形成了跨界效应，构建生态链，为房东端打造了线下专业模式服务团队，覆盖信用体系、保险体系、硬件支持等服务领域；针对租客端推出商业旅行、出境旅游等多元化场景新系列产品，多角度满足用户短租需求，为房东、租户打造诚实信用、有质量保障的沟通交易网络平台。

完善用户信用体系，解决房东初期信任痛点。公司积极通过实名制、引入芝麻信用等手段，解决信任问题，保障住宿安全性，让房东放心迎客。公司还推出了实名认证系统，用身份证校验、房源验真、网络聊天等办法打破了信息的不对称。公司提供实拍、保险、智能门锁、保洁等多方位的服务，全面提升房东黏性。公司在城市建立线下门店服务队伍，为各地房东进行房源验真和实拍业务，设计师上门提供建议，引导房东改善房屋入住感受。这大大降低了业主与租户之间的交易门槛，提升了房东出租体验，增强了供给端黏性（如图 5-17 所示）。

三、结论与启示

小猪短租与乡村民宿、共享空间企业合作，为客户创造价值，满足客户个性化的住宿体验，通过构建在线交易平台诚信体系，帮助供需双方在平台交易过程中建立信任，为双方构建决策和生态系统。房东免费发布空置房屋信息，租户可以搜索和选择适合自己需求的优质房屋。小猪短租平台的发展与成功不仅取决于

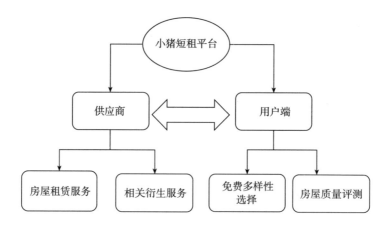

图 5-17　小猪短租服务模式

其本身对时代的把握和对新经济背景下人们需求的精准掌控，更多地取决于其自身模式的创新和对双端的整合型服务。这给我们的启示是，在企业发展过程中，应该更多地注重抓紧机遇并坚持打造适合自身企业的发展模式，并在发展过程中保持真诚。

（资料来源：笔者根据多方资料整理而成）

第四节　共享经济，共享未来

如今，共享经济已经 360 度无死角侵入人们的生活，占领手机、占领心智、改变生活方式，人们已经离不开共享经济了。面对这种形势，传统企业如何发展是应该思考的重要问题。

一、跨界：不跨界无融合

不知道从什么时候起，"颠覆""彻底改变""退出历史""没有出路""传统＝等死"这些观念开始充斥着互联网江湖。一时间，一些人趋之若鹜，另一些人却迷茫无措；一些人视其如大洪猛兽，另一些人谈及必豪情万丈。

如今，"跨界"一词在资本与行业出现的频次越来越多，苏宁转型电子商务，万达要做 O2O，互联网信息公司、中国电信运营商接二连三地开展网络金融，中国传统金融机构也开始"触网"。这场由创新引起的商务和社交变化已然发生，崭新的商务生态开始重塑。"网络+"时代的来临，让行业间的边界越发模糊，企业跨国经营、跨行业合作已成为新常态。所以网络公司也好，传统公司也罢，都需要适应跨界的大潮流，以企业跨国经营推动公司向互联网转型发展。

网络产业链正进行着越来越广泛的垂直融合，通信经营者、信息内容提供者、网络系统集成商、终端用户制造者、设备生产商等将各自服务向产业链两端延伸，逐步形成了硬件、软件、服务模式的一体化，以抢占网络先口。这个态势，在网络移动、网络电视等领域已经非常明显。如小米既做移动，也做网络电视，还做网络路由器、智慧家庭、净水器和手环等，并力求进行垂直的一体化融合，形成小米生态链（如图5-18所示）。

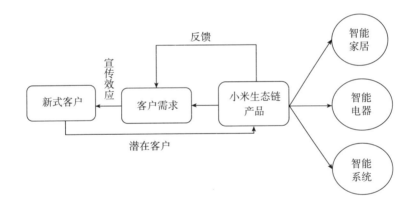

图5-18 小米生态链布局

现今，以网络为纽带的产业跨界融合日益推进，跨界合作、结盟、收购等活动也非常活跃，已成为传统公司与网络企业之间实现产业布局、构建新生态系统的主要手段。在共享经济趋势的影响下，积极推动网络技术与其他行业的跨界结合从而实现互联网与其他领域的自由共享。

二、融合：不融合无共享

网络公司与零售业、金融业、高等教育、医药、车辆、农产品等传统行业的跨界融合正不断发展，但行业界限却越来越模糊。一方面，传统制造业正积极主动向网络领域发展，并开始与网络企业协作，逐步向网络领域转化；另一方面，网络公司正加快向传统行业迈进，阿里巴巴、百度、腾讯等都进入了金融服务、高等教育、文化、医药、车辆等传统行业。伴随物联网、虚拟现实、人工智能、区块链等的快速发展，网络公司与传统经济、传统行业之间的融入也越发广泛。并且，网络与科技间的融入也在加快。物联网节点的蓬勃发展，云端运算超强的储存与计算技术，以及区块链的安全、去中心化，均已向中国生产、生活等领域深入渗透，正逐步成为中国经济社会发展转型升级的新动力。

传统企业与网络平台并非你死我活的"零和游戏"，而是相互依存的"共赢"合作伙伴关系。"互联网+"的产生，对中国传统产业既是巨大挑战，也是机会，是对中国传统产业模式的创新和革新。网络平台和传统产业的关系正是"虚幻和真实"的关系，网络平台代表的虚拟网络世界，是"PC+网络"；传统产业代表的是真实的工厂、机械设备和店铺，是"钢筋+混凝土"。二者相互依存、彼此融通。传统产业的繁荣发展得益于互联网（虚拟世界）的创新发展新模式。互联网虚拟经济的形成与发展都需要以传统行业的生产实体作为基本物质条件，也需要依托于人们实际生存的社会关系。不然，它就变成了既不着天又不着地的空中楼阁。

网络跨界融合的创新大潮正在席卷中国经济社会的各行各业，为促进网络与传统产业的横向融合和纵向重塑，以跨界融合为主要特征的"互联网+"时代已然来临。数据共享经济社会、网络金融服务、制造业网络、农村物联网等新产业发展已作为转变发展方式、推进产业升级的重要动力，新常态下的"互联网+"信息时代期待着新的跨界融合。

在未来，资源共享经济发展的空间将无限大，以新能源电车为例。目前纯电车发展的最重要阻碍就是充电桩，因为依靠自身建设充电桩对于企业来说成本偏高，用社会资源建设充电桩也不太符合"市场经济"，于是人们提出了建议，成立纯电动汽车的充电桩共享平台。使用者也能够将自己家中闲置的充电桩分享出来，从而获得相应的报酬，这或许正是未来新能源车与共享经济的全面融合。

综上所述，资源共享经济发展的本质就是"配对、发行、资源共享"，通过科学配对、精确分配，达到优质资源共享经济发展的目标，用最小的成本来解决个人用户以及社区中的痛点问题。比如，在互联网背景下的顺风车，既节省了大量交通资源和能源，也极大降低了普通消费者的用车成本，对平台、用户、出让者、整个社区来说都是有益的。而且如果对顺风车模式进行推广，第三方的保险公司、金融服务等机构也将获取丰厚收益，这也是"数据共享经济发展"备受推崇的主要原因。

共享经济专栏 5-4：
人人实验：做企业技术服务领域的"淘宝"

人人实验成立于 2015 年，是一个通过资源共享经济理念在科研和技术领域提高开发效能的创新性网络技术服务商。人人实验由北京市昌平科技园发展公司投资成立，公司注册成立于 2015 年 10 月，2016 年正式启动运营。人人实验定位于技术资源共享网络平台。重点在于破解技术信息资源存在的供求不平衡、信息不对称、技术标准不健全等问题。截至目前，公司创立虽仅几年时间，却已"网聚"上线仪器设备超过 10 万台，联合科研院所及专业实验室近万家，技术资源涵盖全国众多地区，提供线上技术和质量服务达到 12 万余项，是目前中国业内最大的仪器设备信息资源网络共享平台。

一、搭建科技资源共享平台

人人实验的定位是科技共享平台。重点是要缓解科技人才供需不平衡、信息不对称、标准不完善等社会现实问题。

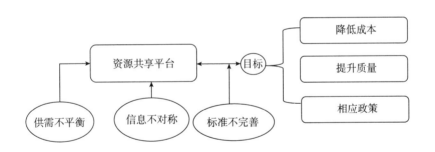

图 5-19　资源共享平台模式

一方面，由于高校、科研机构的仪器设备中有不少属于低频使用，同时要将仪器设备资源共享起来，却缺乏相应的网络平台，也没有规范流程与利润分配模式机制，从而造成了大量科研仪器与设备资源的闲置和浪费；另一方面，在"大众创业"和"万众创新"的影响下，出现了不少技术创新型的中小微公司，这

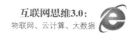

些公司对研究仪器设备有很大的需求，孕育了对研发仪器设备资源共享的需要。因此，人人实验主要解决与科研仪器设备资源信息对接的问题，为有需要的用户找到试验需要的仪器设备。比如，在北京市昌平科技园区里的某个医药仪器公司，在过去仅仅利用了天津市药检所实验室开展产品电磁兼容实验，而人人实验集成了在昌平区内五个专业产品电磁相容性实验室，通过整合资源，使公司可以系统开展相关试验，很大程度地减少了公司的时间成本和经营成本，也使得国内科研院所的实验仪器利用率大大提高。

二、科技服务极简体验

在科学仪器与设备的共享业务实施过程中，人人实验认识到了许多中小型公司和个人并没有设计科学流程与独立开展实验的能力，为此人人实验专门成立了专业的研究队伍为这些用户进行科学实验过程方案设计、实验分析拆解等综合性的研究业务，由有关公司或个人向人人实验提供实验条件，由人人实验为之设计实验过程或委派专门机构进行方案设计和完成实验，在实验完成之后再回传实验结论（如图5-20所示。）

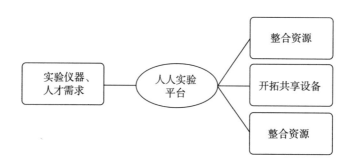

图5-20　人人实验平台运营模式

人人实验目前已整合了超过4000余家的研究服务供应商，涵盖了清华大学、北京大学等顶尖高校、中国科学院等研究机构，目前已有多达50万台仪器配备进行人人实验数据共享；现注册用户已达到5万人，其中活跃用户已超过1.2万人，且每天以数百人的数量增加，主要使用群体以工程技术人员、实验室管理者、小微企业为主。

三、结论与启示

在当今共享经济日益发达的大背景下，人人实验在技术共享基础上集成高校、科研院所、企事业单位等的仪器设备与研究技术，面向经济社会需要，向组织或个人提供广泛的技术信息服务。人人实验平台首席运营官丁佰锁认为，"要依托于互联网技术与共享经济模式，那么企业做检测、实验等技术服务项目变得像'淘宝购物'一样简单"。而在未来，相信人人实验等共享产业链将会更加完善，所涉及的领域也会更加全面，从而对人们的智慧生活产生积极的影响。

（资料来源：笔者根据多方资料整理而成）

三、共享：不共享无生态

共享经济（Sharing Economy）是一个十分新颖的词语，它是在网络信息技术发达的大背景下形成的一个崭新的商业模式，即利用移动网络、数字数据等新信息技术实现各种资源匹配，有效整合并再造了大批闲置资源，从而大幅降低了消费者的购置成本和搜寻成本，并最终颠覆了传统商业模式。在互联网时代，共享经济主要表现为：通常是由一个第三方搭建出一个以信息技术为基础的平台，个人或机构能够通过平台互换闲置资源、共享知识，甚至筹措资本。而构建平台的第三方，则开始走向多元化（如图5-21所示）。

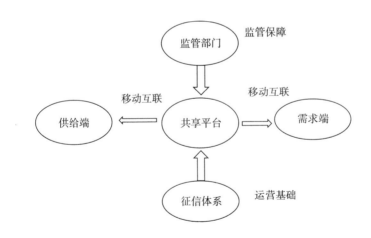

图5-21　互联网+共享经济的商业模式

闭环流程非常简单：资源共享的内容很可能是多种多样的，在搭载了支付渠道以后，个人之间的资源共享支付就可能快速实现，而网络平台则收取交易中一定比例的抽成。就是这种从单一到完整的闭环结构，造就了现在资源共享经济的快速发展。万变不离其宗，千变万化的资源共享模式，在很大程度上降低了供需双方的交易成本，极大地提高了资源对接与分配的效率，不仅表现在财务成本上，还体现在时间成本上，提升了分配效益。与此同时，由于共享经济遵循"闲散等于耗费""用而不占"等核心宗旨，并具备了节约资源、保护环境的优点，更契合了绿色发展理论与中国生态文明建设理念的需要，有助于推动中国经济可持续发展。而生态文明建设的基本途径是绿色发展、低碳发展、循环发展，这也是共享经济发展的动力之源。

在某种程度上，共享经济助力打造生态文明建设。绿色发展的重要目标就是"天蓝地绿水清"，共享经济有助于以最小成本达到这一目标。环境治理带有明显的"外部性"特征，是"市场失灵"领域，所以需要政府部门的配合。但同时也应该充分发挥市场在资源配置中的决定性作用，提升治污基础设施运营效益。

低碳发展也需要依靠提升能耗利用效率、提升可再生能源在能源构成中的占比，以及降低单位国民生产总值的温室气体排放量。大力支持新能源汽车的发展就是中国从煤多油少气不足国情出发的低碳发展策略选择。

新能源车可以使用共享模式。在全国所有站点、充电桩聚集地点设立动能燃料电池的"置换店面"，使用全国和大中城市建好的充电桩，由专业技术人员在指定地点给动能电池充值，电动汽车司机在"店面"内置换动能燃料电池，然后再根据装满后的电池功率以扣减动能燃料电池剩余量的方式缴费。

循环发展，以提高资源效益为核心。共享经济也是循环经济发展的主要实现形态之一，如再加工、再生产就为旧商品的循环使用创造了必要条件。这种旧商品循环使用模式能够使资源共享经济具备坚实基础，使共享经济更具可持续的发展前景。

四、生态：不生态无发展

自然环境，是指一个关乎经济社会可持续发展的综合性生态系统，广义上包含土壤资源、气象信息资源和海洋生物信息资源。当今的生态环境问题越来越突出，具体表现就是人在经济社会生产与生活的实践中对自然环境所造成的各类污染与破坏。

然而，共享经济正有利于解决这一问题。共享经济是一个物尽其用，资源再利用的过程，是一个人们将闲置物品进行大规模的交换，大范围内进行分享的过程，更是一个保护环境、平衡生态的一个过程。通过共享经济，可以促进生态平衡和社会和谐发展（如图 5-22 所示）。

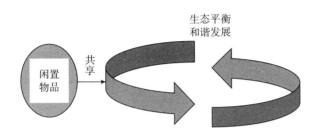

图 5-22 资源利用共享

以神州优车共享出行为例。神州优车以总市值超过 430 亿元、市场占有率超过 40%、消费者满意度达 91.5 分，成为共享车领域的佼佼者。在汽车出行市场中，神州优车积极倡导绿色出行，重塑人车生态圈的发展模式理念，得到了广大用户的肯定。神州优车的成功主要依靠两点：一是神州集团管理体系健全而完备，稳定增长的公司业绩不仅为公司股东提供了高额回报，也实现了"为职工提供福祉，为社区提供利益"；二是神州优车开创性地发展了车辆资源共享管理模式，积极推动绿色出行，推动企业节能减排，进一步促进出行市场的绿色、健康、可持续发展。1 辆车的出租利用效果相当于 7 辆私家车的利用效果，这等同于降低了私家车的购买价格，也相当于降低了汽车尾气排放量，既减轻了城市道路资源压力，也在一定程度上缓解了大城市停车场紧张的状况。

【章末案例】

钉钉：一种全新的共享工作方式

当今社会，线上办公已经成为一种常态，而这种新型的工作方式相对于传统线下办公具备更方便、实时性等优点。一方面，线上办公突破了时间、空间的局限，能够极大减少企业传统线下办公的租赁成本；另一方面，伴随着 5G 时代的来临，在信息交换高速畅通的大环境下，公司能够不限地域、更灵活地去网罗优秀人才。但同时，线上办公的推广也同样衍生出许多的问题，例如，实时性与交互性的体验较差，等等。在这种背景之下，钉钉作为一种针对实时性的共享工作方式出现在人们的视野中，其在应用过程中从理念到实践都进行了较大程度的创

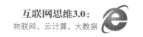

新。可以说，钉钉的出现为共享办公领域的发展起到了重要的促进作用，也对共享经济的发展起到了重要的助力作用。

一、公司概况

钉钉（DingTalk）是阿里巴巴公司专为中小企业构建的工作商业交流协作网络平台，通过系统性的服务（微应用），全面提高国内中小企业交流水平与合作效能。钉钉引领未来的新型管理工作方式，是新数字经济时代公司组织协同办公技术和应用发展的舞台，将协助企业减少信息沟通与管理的成本，提升办公效能。钉钉致力于协助4300万国内公司进入智能移动办公时代，实现简洁、快捷、智能、安全和以人为本的新工作方法，实现经营和管理的创造性跃升。在"互联网+"时代，钉钉抓住了发展机遇，建设云钉平台，与云钉深度融合后，钉钉成为企业应用云的一种新界面，更多的企业明显增加了对云钉平台和钉钉的需求。

二、基于办公场景的"人、财、物、事、关系"全链路数字化解决方案

（一）物：软硬件合一的智能数字化办公室

通过智能软硬件整合，实现了三种功能：网络流量智能管理、员工一键上网、群内数据闪传。最大的特点是不占外网带宽，公司内部群里100人同时下载数据和1人下载数据具有同样的效果。

（二）事：智慧"档案管理中心"

钉钉文档的在线编辑功能支持文字档案和图表文件在电脑和手机多端编辑、多人编辑实时同步进行，同时也支持自动保存、历史版本追溯等功能，提供了MS Office文件与WPS文件间的最佳整合。

（三）关系：智能云客服

智能云端客服：为客户提供线上咨询服务，能帮助企业处理90%以上的业务咨询问题，为企业降低成本。智能办公电话服务：为企业定制专门的办公商务电话，并提供专门的企业对外电话号码，以保护个人隐私。此服务在线零成本快捷开通，呼入免费。智慧热线电话：已组建成国内最统一的"400"电话系统，在此基础上推出了智慧机器人、智慧数据分析、服务商沉淀等新功能。

（四）财：数字化企业支付

面向中小企业：提供资本账户管理、发票管理、报销管理、收款与支出管理等功能。使用钉钉数字化企业支付系统，从提交到打款，再到发票归档，全部在手机客户端上快速实现，开创了"6步3小时"模式，效率提高了10倍以上。

面向人员：实现智能收取功能，用于归集进行报销所获得的现金。

（五）人：数字化商务人脉

数字化名片：真正做到了商业人脉数字化的线下管理方式，钉钉数字名片能够做到3秒内和千人互换名片，交换完的名片都会被批量添加标签和说明，也可以添加自定义标签。还有独有的名片认证标识，代表名片信息真实可信（如图5-23所示）。

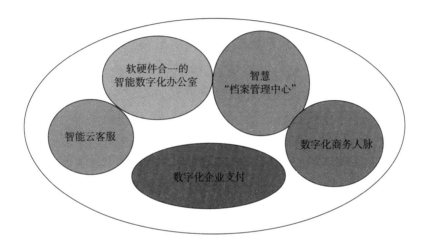

图5-23　"人、财、物、事、关系"的数字化解决方案

三、共享新工作方式

在"钉钉超级发布会"上，钉钉CEO指出"钉钉是一个新工作方式"，并通过"五个在线"来实现，这"五个在线"是指"组织在线、沟通在线、协同在线、业务在线、生态在线"（如图5-24所示）。

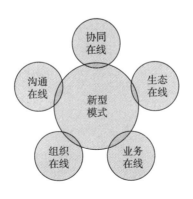

图5-24　钉钉新工作方式的"五个在线"

（一）"组织在线"：职责清晰，管理扁平可视化

"组织在线"概念的内核基础，注重的是团队人际关系的线上化，依靠团队职责清晰、管理扁平可视化、人脉共享等优势，来打造新型的工作方法。以复星集团IT部为例，其应用钉钉一手打造了业务链的信息共享平台，做到了公司内部的人脉共享、IT资源共享。

（二）"沟通在线"：工作与生活分离

团队成员必须在同一个安全环境中才可以进行有效交流。有了一种可以专属的交流工作的网络场景，不但可以随时随地获得联络，同时也免去了在一般软件上交流工作。专门的个性办公或交往软件也无疑免去了员工对安全性、方便程度的担忧。

（三）"协同在线"：知识的沉淀与共享

"协同在线"可以加速组织变革，指团队成员之间能够在线完成业务上的协调运行，各个任务之间相互支持。通过钉钉的"沟通在线"和"协同在线"服务，不但做到了反应快、决策快、落地快、推广快，更带动了企业员工拥抱组织变革能力、执行力、创新能力的全方位提高。

（四）"业务在线"：业务升级

"业务在线"即从流程和经营活动的大数据分析化、智能化和移动化出发，以提升企业的大数据分析决策能力。国产护肤品牌林清轩在使用钉钉的"智慧引导购物"功能后，成功做到了钉钉与手机淘宝的打通。新会员不管在天猫还是线下店铺复购，企业导购人员都能获得佣金提成。企业业务经过在线赋能后释放出巨大能量。

（五）"生态在线"：智能决策

"生态在线"实现了以企业为核心的上下游产品和用户进行线下连接，数字化、移动化产生的大数据分析将驱动整个产品营销效果的持续优化提升，而"以人为本"的透明经营管理模式则将激活生态系统中的每个人的创造力，利用大数据分析优化企业对"生态在线"的使用体验，从而提升产品营销效果。

四、打造互联网社区生态圈

钉钉重磅推出了专注于将住宅、物业等领域服务数字化的"未来社区"概念，从软件、硬件、生态服务三个层面提出未来社区的解决方案，还原服务本质，营造舒适、便捷、智慧、有温度的社区环境，引领社区服务进入2.0时代。

（一）"人脸识别门禁"，让整个社区的管理更加安全、有效、智能

通过钉钉"未来社区"的人脸识别门禁系统，社区服务站将提醒居民做好身份证信息记录和人脸采集，有效避免陌生人擅自出入，加强了社区安全管控。与传统门禁设备相比，钉钉"未来社区"的人脸识别式门禁系统具备了安全可靠、无法模仿的特点，有效解决了因老式门禁刷卡系统容易被人模仿而造成的安全隐患问题。

（二）"统一办公服务平台"，让社区物业服务更加高效便捷

通过管理在线、项目在线、服务在线，以及业务在线等，为企业建立了物业部门的移动办公系统，使企业管理层、用户与物业公司之间共享了一个信息平台系统，便于各方的交流与管理。通过钉钉的组织化管理功能以及开放平台功能，物业公司能够引导业主加入钉钉社区，并建立社区安全、实名的在线服务官方平台，物业公告信息也能够精准地发送给每位业主。同时，物业的服务建议可由楼栋管家进行实时在线解答，并提供服务方案（如图5-25所示）。

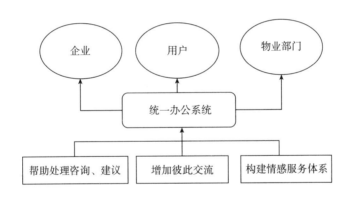

图5-25 统一办公服务平台

五、结论与启示

企业对数字化管理提出了更高的要求，除了个人办公、组织协同的需求外，还需要打通业务，为经营赋能。一旦深入各行各业就会发现，办公不是一个企业的全部，数字化也不仅仅是在网上开会、处理文档这么简单。

第一，运用数字化，创造价值。钉钉通过组织和业务的数字化，帮助企业链接物理世界和数字世界，推广数字化管理思维、数字化工作方法，共同促进国内公司迅速迈向数字化经营时代。

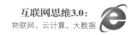

第二，线上线下的高度融合。钉钉与"未来社会"形成了网络社会生态圈，赋能社会的新型产业。未来，钉钉的"未来社会"将联手更多行业如 ISV（独立软件开发商）、智能硬件、信息系统集成商、行业服务者，运用物联网、云计算、AI 人工智能等新技术为物业、社会、地方政府和市民提供服务，并借助钉钉创新组织管理模式和多角色的连接力量赋能物业企业资源，让社区服务更具智慧、更有温度、更有人情味。

第三，推动数字共享。钉钉将作为行业内的领头羊，为行业的发展贡献一份力量，同时也为共享经济的发展贡献力量。在钉钉的数字化推动下，未来的共享经济将会发生质的变化，将会给人们带来更多的效率提升。

（资料来源：笔者根据多方资料整理而成）

参考文献

［1］阿莱克斯·彭特兰，2015. 智慧社会［M］. 汪小帆，江容，译. 杭州：浙江人民出版社.

［2］阿里巴巴数据技术及产品部，2017. 大数据之路：阿里巴巴大数据实践［M］. 北京：电子工业出版社.

［3］阿里研究院，2015. 互联网：从 IT 到 DT［M］. 北京：机械工业出版社.

［4］埃尔文·E. 罗斯，2015. 共享经济：市场设计及其应用［M］. 傅帅雄，译. 北京：机械工业出版社.

［5］埃拉德·约姆-托夫，2016. 医疗大数据：大数据如何改变医疗［M］. 潘苏悦，译. 北京：机械工业出版社.

［6］安东尼·汤森，2015. 智慧城市：大数据、互联网时代的城市未来［M］. 北京：中信出版社.

［7］安杰，2015. 一本书读懂 24 种互联网思维［M］. 北京：台海出版社.

［8］巴特·贝森斯，2016. 大数据分析：数据科学应用场景与实践精髓［M］. 柯晓燕，张纪元，译. 北京：人民邮电出版社.

［9］布莱特·金，2016. 大数据银行：创新者、颠覆者、企业家们正在重塑银行业［M］. 张翠萍，译. 北京：机械工业出版社.

［10］蔡余杰，黄禄金，2015. 共享经济：引爆新一轮颠覆性商业革命［M］. 北京：企业管理出版社.

［11］长铗，等，2016. 区块链：从数字货币到信用社会［M］. 北京：中信出版社.

［12］车品觉，2016. 决战大数据：大数据的关键思考［M］. 杭州：浙江人民出版社.

［13］陈根，2016. 智能穿戴：物联网时代的下一个风口［M］. 北京：化学工业出版社.

［14］陈光锋，2014. 互联网思维：商业颠覆与重构［M］. 北京：机械工业出版社.

［15］陈国嘉，2016. 移动物联网：商业模式+案例分析+应用实战［M］. 北京：人民邮电出版社.

［16］陈一明，2016. "互联网+"时代课程教学环境与教学模式研究［J］. 西南师范大学学报（自然科学版），41（3）：228-232.

［17］段云峰，秦晓飞，2015. 大数据的互联网思维［M］. 北京：电子工业出版社.

［18］方军，2019. 区块链超入门［M］. 北京：机械工业出版社.

［19］菲尔·西蒙，2015. 大数据可视化：重构智慧社会［M］. 漆晨曦，译. 北京：人民邮电出版社.

［20］冯国权，2015. 互联网思维下图书馆服务变革探讨［J］. 图书情报工作，59（2）：16+25-30.

［21］冯雪飞，董大海，张瑞雪，2015. 互联网思维：中国传统企业实现商业模式创新的捷径［J］. 当代经济管理，37（4）：20-23.

［22］弗朗西斯·达科斯塔，2016. 重构物联网的未来：探索智联万物新模式［M］. 周毅，译. 北京：中国人民大学出版社.

［23］葛继红，周曙东，王文昊，2016. 互联网时代农产品运销再造——来自"褚橙"的例证［J］. 农业经济问题，37（10）：51-59+111.

［24］郭洪安，2017. 互联网思维：互联网时代的企业生存法则［M］. 北京：北京时代华文书局.

［25］郭家堂，骆品亮，2016. 互联网对中国全要素生产率有促进作用吗？［J］. 管理世界（10）：34-49.

［26］郭泽德，2016. 共享经济：缘起+动力+未来［M］. 北京：北京联合出版公司.

［27］国家工业信息安全发展研究中心，2017. 大数据优秀产品、服务和应用解决方案案例集［M］. 北京：电子工业出版社.

［28］胡正荣，2015. 传统媒体与新兴媒体融合的关键与路径［J］. 新闻与写作（5）：22-26.

［29］华为区块链技术开发团队，2019. 区块链技术及应用［M］. 北京：清华大学出版社.

［30］黄建波，2017. 一本书读懂物联网［M］. 北京：清华大学出版社.

［31］黄升民，刘珊，2015. "互联网思维"之思维［J］. 现代传播（中国传媒大学学报）37（2）：1-6.

［32］贾英昊，江泽武，2019. 区块链浪潮：连接技术与应用［M］. 北京：机械工业出版社.

［33］江林华，2018.5G 物联网及 NB-IoT 技术详解［M］. 北京：电子工业出版社.

［34］金元浦，2014. 互联网思维：科技革命时代的范式变革［J］. 福建论坛（人文社会科学版）（10）：42-48.

［35］井底望天，等，2018. 区块链与产业创新打造互联互通的产业新生态［M］. 北京：人民邮电出版社.

［36］蕾切尔·博茨曼，路·罗杰斯，2015. 共享经济时代：互联网思维下的协同消费商业模式［M］. 唐朝文，译. 上海：上海交通大学出版社.

［37］李海舰，田跃新，李文杰，2014. 互联网思维与传统企业再造［J］. 中国工业经济（10）：135-146.

［38］李杰，2015. 工业大数据：工业 4.0 时代的工业转型与价值创造［M］. 邱伯华，译. 北京：机械工业出版社.

［39］李杰，倪军，王安正，2016. 从大数据到智能制造［M］. 上海：上海交通大学出版社.

［40］李伟，等，2018. 区块链蓝皮书：中国区块链发展报告（2018）［M］. 北京：社会科学文献出版社.

［41］李晓华，2016. "互联网+"改造传统产业的理论基础［J］. 经济纵横（3）：57-63.

［42］李易，2015. 互联网+：中国步入互联网红利时代［M］. 北京：电子工业出版社.

［43］廖建尚，2017. 物联网开发与应用［M］. 北京：电子工业出版社.

［44］林汶奎，2015. 马云的互联网思维［M］. 长沙：湖南科技出版社.

［45］林子雨，2017. 大数据技术原理与应用［M］. 北京：人民邮电出版社.

［46］刘国华，吴博，2015. 共享经济2.0：个人、商业与社会的颠覆性变革［M］. 北京：企业管理出版社.

［47］刘庆，2022. 智慧赋能："互联网+养老"的现实经验和未来向度［J］. 决策与信息（4）：69-80.

［48］刘权，2019. 区块链与人工智能［M］. 北京：人民邮电出版社.

［49］刘润，2015. 互联网+：小米案例版［M］. 北京：北京联合出版公司.

［50］刘兴亮，2019. 区块链在中国［M］. 北京：中国友谊出版公司.

［51］栾玲，2016. 谁拥有未来：小米互联网思维PK传统行业思维［M］. 北京：人民邮电出版社.

［52］罗宾·蔡斯，2015. 共享经济：重构未来商业新模式［M］. 王芮，译. 杭州：浙江人民出版社.

［53］马化腾，等，2015. 互联网+：国家战略行动路线图［M］. 北京：中信出版社.

［54］马切伊·克兰兹，2018. 物联网时代：新商业世界的行动解决方案［M］. 周海云，译. 北京：中信出版集团.

［55］麦克依文，卡西麦利，2015. 物联网设计：从原型到产品［M］. 张崇明，译. 北京：人民邮电出版社.

［56］毛明毅，2017. 智能家庭物联网系统［M］. 北京：机械工业出版社.

［57］尼克·比尔顿，2014. 翻转世界：互联网思维与新技术如何改变未来［M］. 王惟芬，等译. 杭州：浙江人民出版社.

［58］乔乔·莫雷伊，2019. 当大数据遇见物联网：智能决策解决之道［M］. 王胜夏，译. 北京：清华大学出版社.

［59］曲强，林益民，2019. 区块链+人工智能［M］. 北京：人民邮电出版社.

［60］屈泽中，2015. 大数据时代小数据分析［M］. 北京：电子工业出版社.

［61］三木良雄，2018. 物联网应用路线图［M］. 朱悦玮，译. 广州：广东人民出版社.

［62］桑·穆鲁吉桑，伊莲娜·博雅诺瓦，2018. 云计算百科全书［M］. 陈志德，译. 北京：电子工业出版社.

［63］IBM商业价值研究院，2015. IBM商业价值报告：大数据、云计算价值转化［M］. 北京：东方出版社.

［64］申丹，2019. 区块链+：智能社会进阶与场景应用［M］. 北京：清华大学出版社.

［65］史蒂文·希尔，2017. 经济奇点：共享经济、创造性破坏与未来社会［M］. 苏京春，译. 北京：中信出版社.

［66］孙宏斌，郭庆来，潘昭光，2015. 能源互联网：理念、架构与前沿展望［J］. 电力系统自动化，39（19）：1-8.

［67］孙健，2018. 区块链百科全书［M］. 北京：电子工业出版社.

［68］孙文武，2015. 出位：如何用互联网思维破除瓶颈［M］. 北京：中央编译出版社.

［69］唐塔普斯科特，亚力克斯·塔普斯科特，2016. 区块链革命：比特币底层技术如何改变货币、商业和世界［M］. 北京：中信出版社.

［70］田丰，张骎，2015. 互联网3.0. 云脑物联网创造DT新世界［M］. 北京：社会科学文献出版社.

［71］同春芬，汪连杰，2016.“互联网+”时代居家养老服务的转型难点及优化路径［J］. 广西社会科学（2）：160-166.

［72］涂子沛，2015. 大数据：正在到来的数据革命［M］. 桂林：广西师范大学出版社.

［73］王良明，2019. 云计算通俗讲义［M］. 北京：电子工业出版社.

［74］王喜富，陈肖然，2015. 智慧社区：物联网时代的未来家园［M］. 北京：电子工业出版社.

［75］王竹立，2015. 碎片与重构：互联网思维重塑大教育［M］. 北京：电子工业出版社.

［76］物联网智库，2015. 物联网：未来已有［M］. 北京：机械工业出版社.

［77］欣叶，2018. 周鸿祎：我的互联网思维［M］. 北京：台海出版社.

［78］新玉言，李克，2016. 大数据：政府治理新时代［M］. 北京：台海出版社.

［79］熊友君，2015. 移动互联网思维：商业创新与重构［M］. 北京：机械工业出版社.

［80］徐飞，2019. 大数据浪潮之巅：新技术商业制胜之道［M］. 北京：电子工业出版社.

［81］徐明星，等，2016. 区块链：重塑经济与世界［M］. 北京：中信出

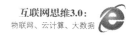

版社．

　　［82］徐明星，等，2017. 图说区块链［M］. 北京：中信出版社．

　　［83］许小刚，王仲晏，2017. 物联网商业设计与案例［M］. 北京：人民邮电出版社．

　　［84］薛畅，师尚礼，2022. 基于互联网思维的电子商务发展融合路径研究［J］. 经济研究导刊（5）：40-42.

　　［85］亚历克斯·斯特凡尼，2016. 共享经济商业模式：重新定义商业的未来［M］. 张敏，译. 北京：中国人民大学出版社．

　　［86］杨保华，陈昌，2017. 区块链原理、设计与应用［M］. 北京：机械工业出版社．

　　［87］杨铎，2015. 裂变：造就互联网思维下的产品、思想、行为的传播奇迹［M］. 北京：机械工业出版社．

　　［88］杨方，白翠粉，张义斌，2015. 能源互联网的价值与实现架构研究［J］. 中国电机工程学报，35（14）：3495-3502.

　　［89］杨众杰，2018. 云计算与物联网［M］. 北京：中国纺织出版社．

　　［90］姚宏宇，田溯宁，2013. 云计算：大数据时代的系统工程［M］. 北京：电子工业出版社．

　　［91］余来文，等，2017. 分享经济：网红、社群与共享［M］. 北京：化学工业出版社．

　　［92］余来文，等，2017. 共享经济：下一个风口［M］. 北京：经济管理出版社．

　　［93］余来文，等，2017. 互联网思维2.0：物联网、云计算、大数据［M］. 北京：经济管理出版社．

　　［94］曾杰，2016. 一本书读懂大数据营销［M］. 北京：中国华侨出版社．

　　［95］曾鸣，等，2015. 读懂互联网+［M］. 北京：中信出版社．

　　［96］张洪，鲁耀斌，张凤娇，2021. 价值共创研究述评：文献计量分析及知识体系构建［J］. 科研管理，42（12）：88-99.

　　［97］张新红，2018. 共享经济：中国新故事［M］. 北京：电子工业出版社．

　　［98］张新红，于凤霞，等，2019. 共享经济100问［M］. 北京：中共中央党校出版社．

　　［99］张议云，等，2018. 共享经济：红利分配新模式［M］. 北京：清华大

学出版社.

［100］张玉明，2017. 共享经济学［M］. 北京：科学出版社.

［101］张元林，等，2018. 区块链+开启智能新时代［M］. 北京：人民邮电出版社.

［102］赵大伟，2014. 互联网思维独孤九剑［M］. 北京：机械工业出版社.

［103］赵晓，2018. 共享经济 2.0：谁将引领明天［M］. 北京：经济日报出版社.

［104］钟殿舟，2014. 互联网思维［M］. 北京：企业管理出版社.

［105］周涛，2016. 为数据而生：大数据创新实践［M］. 北京：北京联合出版公司.

［106］朱清峰，2018. 走进云计算［M］. 北京：人民邮电出版社.

［107］朱彧，王中珏，2022. 元气森林互联网思维演绎 4P 新营销［J］. 中国市场（12）：178-181.

［108］邹玉坤，谢卫红，郭海珍，李忠顺，王永健，2022. 数字化创新视角下中国制造业高质量发展机遇与对策研究［J］. 兰州学刊（1）：38-52.

［109］Moody D，Wlash P，1999. Measuring the Value of Information：An Assest Valuation Approach［C］//Proceeding of the Seventh European Conference on Information Systems. Melbourne：The University of Melbourne.